かおシールで
おりがみを
飾ってても楽しいよ！

5回おったら絵をかこう！

おえかき おりがみ

監修　お茶の水 おりがみ会館 館長　小林一夫

朝日新聞出版

おえかきでおりがみを

この本は、１枚のおりがみを５回おっただけでできる
かんたんな作品ばかりを集めました。
できた形にクレヨンや色鉛筆でおえかきをすると、
素敵なオリジナル作品が完成します。
例えば、いろいろな味の「ケーキ」や「ジュース」に、
色とりどりの「とり」、さまざまな種類の「さかな」など。
想像の世界が広がって、ますます作りたい、
かきたいといった意欲につながっていくことでしょう。
おえかきおりがみを通じて、ぜひ友達や家族みんなで
楽しい時間を過ごしてください。

お茶の水 おりがみ会館 館長　小林一夫

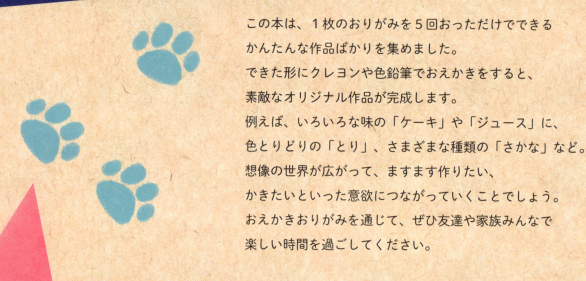

もっと楽しく!

かんたん おりがみ

本書では一般的な15cm四方のおりがみで、はさみを使わずに5回以内でおれる52の作品を紹介しています。なお、1つの工程を1回として数えています。

英語の 名前つき

発音のカナ表記つきで英語も学ぶことができます。カナ表記については、おもに『ニューホライズン英和・和英辞典（第7版）』（東京書籍）をもとにしています。太字は強く発音し、日本語にない音はひらがなで示しています。

完成 イメージ

作品がおれたら、クレヨンや色鉛筆を使って、イラストを参考におえかきしてみましょう。どこをおえかきすればいいか、基本のポイントも紹介しています。

楽しい テーマ別

「アクセサリー・おしゃれ」や「のりもの」など人気のテーマから、プレゼントにもそえられる「おてがみ」、作品で遊べる「あそべるおもちゃ」など、全部で8つのテーマで展開しています。

もの知り クイズ

紹介作品にまつわるクイズを3択で出題しています。おりがみをしながら親子で一緒にクイズを出し合えば、生き物や科学、社会への好奇心がどんどん広がります。

わかりやすい 写真

折り図をわかりやすくするために、工程写真は2色両面おりがみで撮影しています。
実際におるときは、好きなおりがみでおりましょう。

作品の アレンジ

おえかきのちがいやおりがみの色を変えた作品のアレンジ例を紹介しています。アレンジ作品を作ることで、言葉のレパートリーが自然と増えます。遊びながら語彙力をつけましょう。

ほかにも…

● **章末コラム**

各章で紹介した作品の中から1つを取り上げ、その「ひみつ」を学習します。ひみつを知ると、おえかきがもっと楽しくなります。

おもしろ かおシール

巻頭付録のシールを使えば、作品の幅がさらに広がります。何度もはってはがせるので、おりがみをシールで自由に飾りましょう。

● **巻末コラム**

本文で紹介しきれなかったおえかきのバリエーションを紹介します。おえかきがますます得意になります。

もくじ

生《い》きもの

食《た》べもの・スイーツ

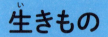

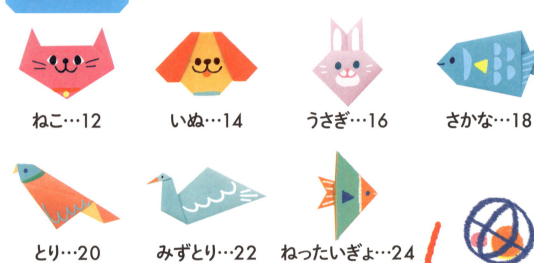

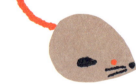

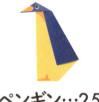

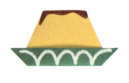

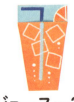

アクセサリー・おしゃれ

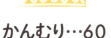

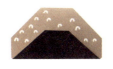

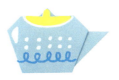

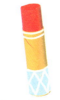

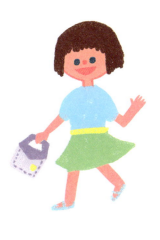

のりもの・まち

しぜん

おてがみ

ぎょうじ

あそべるおもちゃ

もっとおえかきしよう！

きほんのおりかた

この本《ほん》に出《で》てくるおりかたをしょうかいします。

谷《たに》おり

● 谷《たに》おり線《せん》

線《せん》がなかに
かくれるようにおる

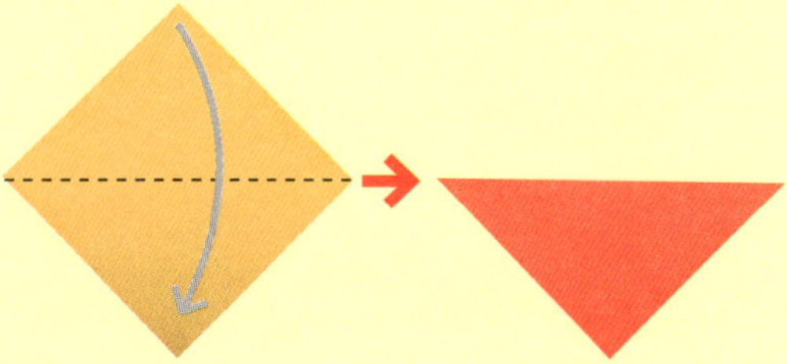

山《やま》おり

● 山《やま》おり線《せん》

線《せん》が外《そと》に
出《で》るようにおる

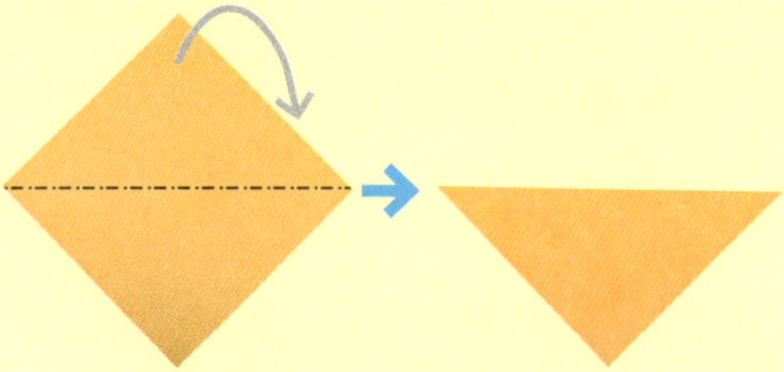

おりすじをつける

1回《かい》おってからひらく

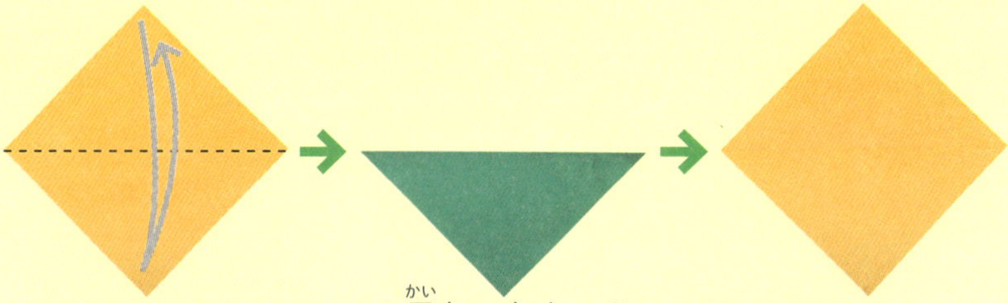

1回《かい》おったところ

同《おな》じ長《なが》さにする

だんおり

谷《たに》おりと山《やま》おりを
こうごにおる

1回《かい》おったところ

まきおり

谷《たに》おりをくりかえす

1回《かい》おったところ

さしこむ

かみの下《した》に入《い》れる

さしこんでいるところ

ひらいてつぶす

なかにゆびを入《い》れて
ひらく

ひらいているところ

なかわりおり

おりすじをつけてからひらき、角《かど》をなかに入《い》れるようにしておる

角《かど》をなかに入《い》れているところ

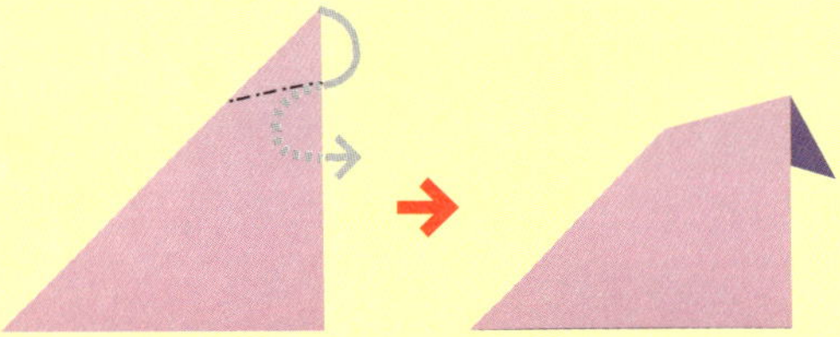

かぶせおり

おりすじをつけてからひらき、外《そと》がわにかぶせるようにしておる

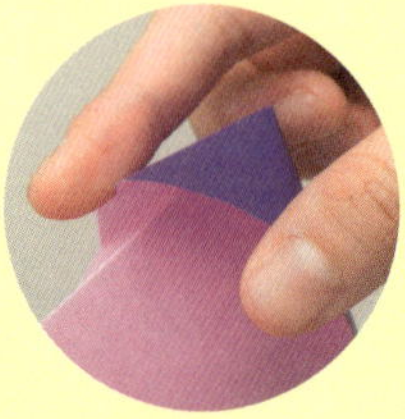

外《そと》がわにかぶせているところ

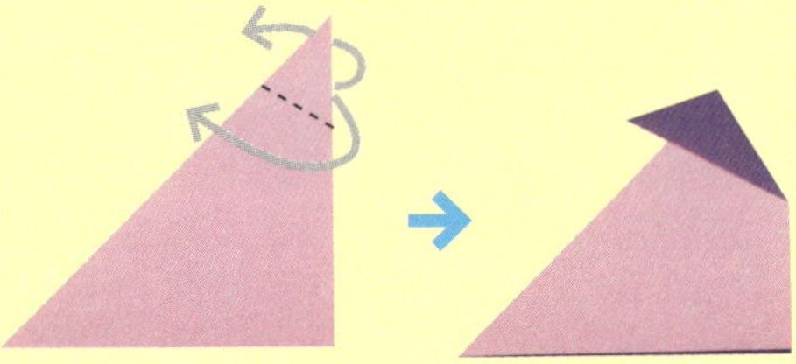

四角《しかく》おり

おりすじをつけてたたむ

たたんでいるところ

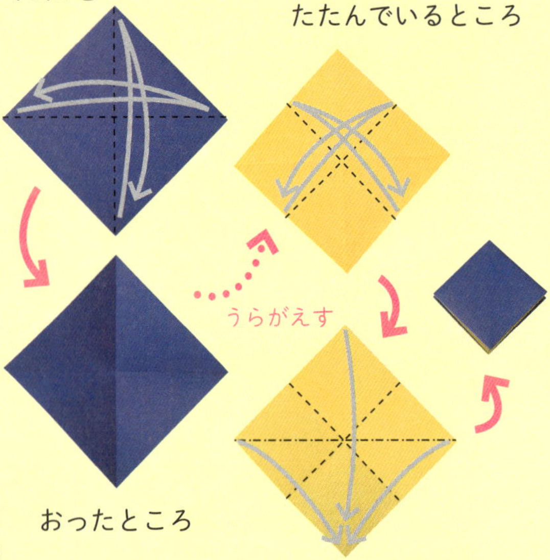

三角《さんかく》おり

おりすじをつけてたたむ

たたんでいるところ

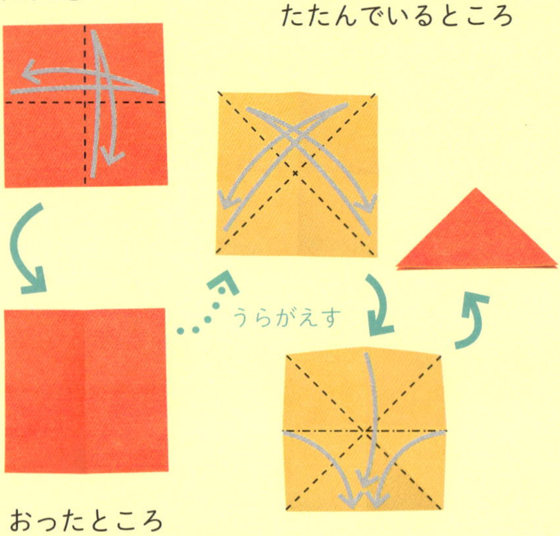

とり

ちょう

生《い》きもの

うさぎ

ふくろう

ペンギン

animal

ねこ

猫

cat

［キぁット］

おってみよう！

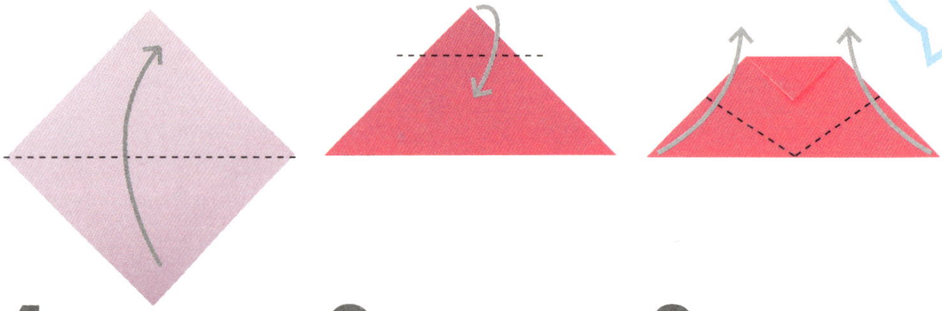

おったところ

1 半分《はんぶん》におって

2 上《うえ》をおって

3 左右《さゆう》をおってうらがえす

おえかきしよう！

シャムねこ

口《くち》のまわりに丸《まる》いもよう

三毛《みけ》ねこ

左右《さゆう》の色《いろ》をぬり分《わ》けて

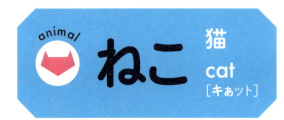

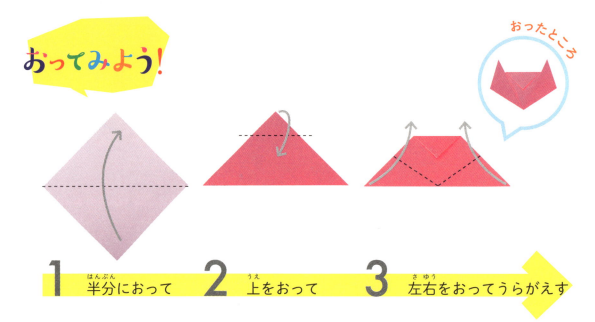

黒《くろ》ねこ

目《め》を黄色《きいろ》く光《ひか》らせて!

トラねこ

おでことほっぺにしまもよう

もの知《し》りクイズ

ねこのひとみは明《あか》るいところではどうなる?

①大《おお》きくなる　②細《ほそ》くなる　③点《てん》になる

答《こた》え　②

animal

いぬ

犬

dog

[ド(ー)グ]

おってみよう!

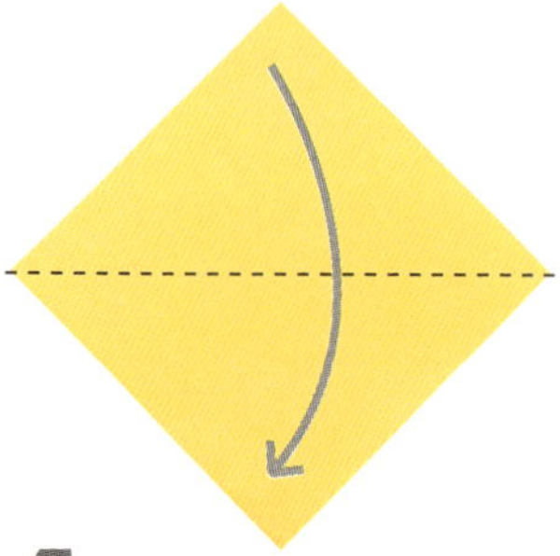

1 半分《はんぶん》におって

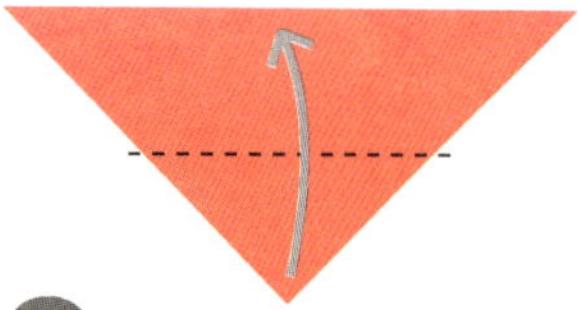

2 1まいめくる

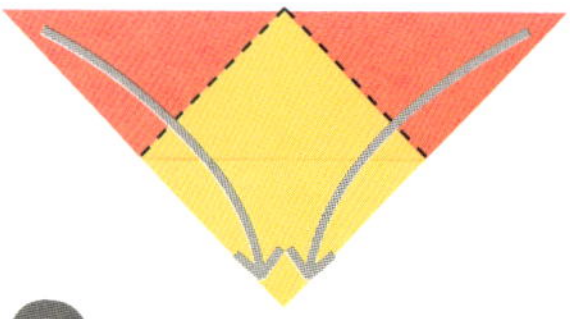

3 左右《さゆう》をたたんで

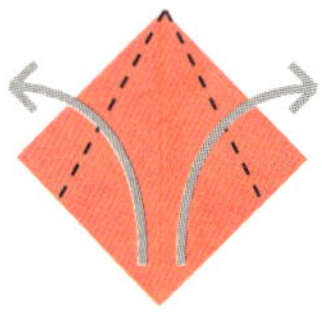

4 ひらいて

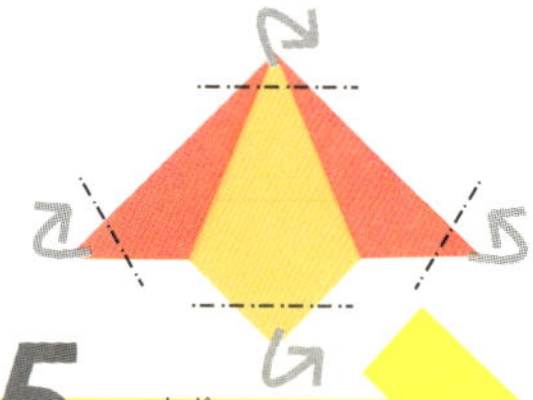

5 角《かど》をおる

おえかきしよう!

ダルメシアン

耳《みみ》に黒《くろ》いぶちもよう

ダックスフント

はなのいちは下《した》のほうに

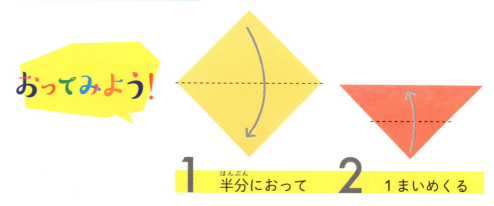

セントバーナード

たれ目《め》に大《おお》きなはなと口《くち》

トイプードル

もこもこの線《せん》を頭《あたま》や耳《みみ》に

もの知《し》りクイズ

はじめて会《あ》ったいぬはおたがいを知《し》るために何《なに》をする?

①ほえる　②においをかぐ　③しっぽをふる

答《こた》え　②

さらなるひみつは→28ページ

animal

うさぎ

兎

rabbit

［ラぁビット］

おってみよう！

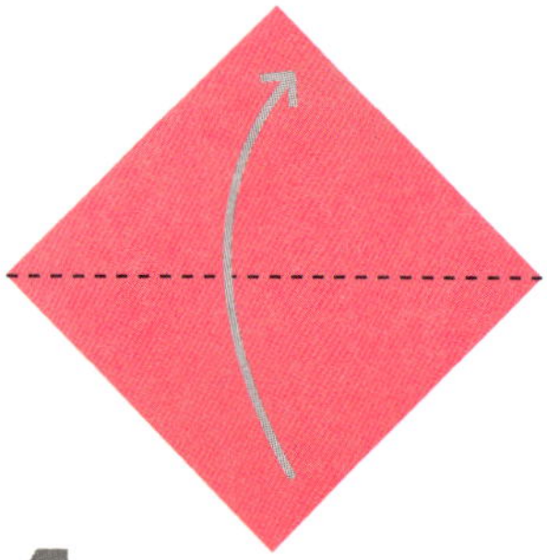

1 半分《はんぶん》におって

2 下《した》を少《すこ》しおる

3 左右《さゆう》を合《あ》わせてうらがえし

4 角《かど》をなかにしまう

おえかきしよう！

白《しろ》うさぎ

目《め》を赤《あか》くしよう！

茶《ちゃ》うさぎ

白《しろ》いもようがアクセント

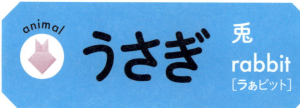

パンダうさぎ

目《め》と耳《みみ》のまわりを黒《くろ》くぬって

黒《くろ》うさぎ

黒《くろ》のおりがみで

もの知《し》りクイズ

うさぎの耳《みみ》のやくわりでちがうのはどれ？　①小《ちい》さな音《おと》も聞《き》こえる　②からだのねつを外《そと》ににがす　③まっすぐ走《はし》れる

答《こた》え　③

animal

さかな

魚

fish

［ふィッシ］

おってみよう！

1 半分《はんぶん》におって

2 下《した》をおって

3 上《うえ》をおってうらがえす

おえかきしよう！

ヒラメ

2つの目《め》をならべてかいて

カクレクマノミ

白《しろ》いもように黒《くろ》のふちどり

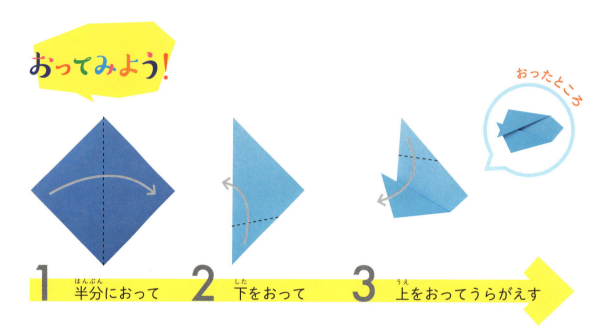

顔《かお》とうろこ、ひれをかいて完成《かんせい》!

タイ

半円形《はんえんけい》のうろこをならべて

ハコフグ

水玉《みずたま》もようでおしゃれに

もの知《し》りクイズ

さかなは水《みず》のなかでからだのどこをつかってこきゅうしている?

①うろこ　②ひれ　③えら

答《こた》え ③

 animal とり 鳥 bird ［バ～ド］

おってみよう！

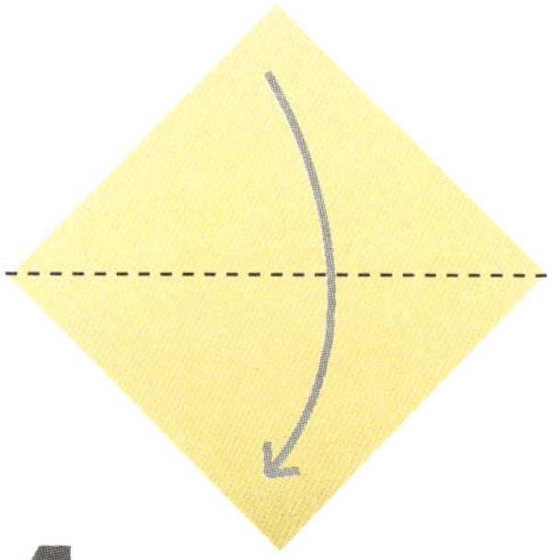

1 半分《はんぶん》におって

うらも同《おな》じ

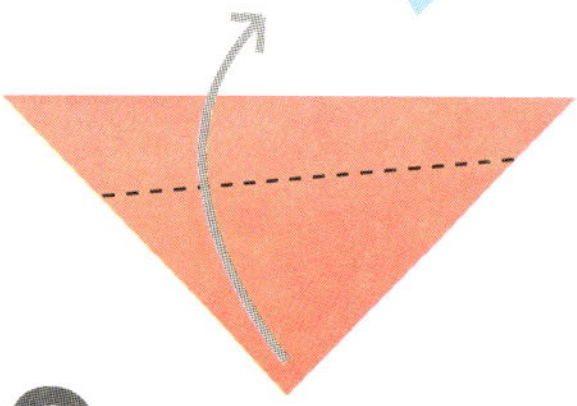

2 1まいめくり

うらも同《おな》じ

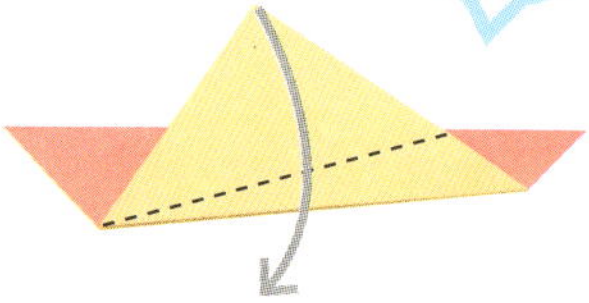

3 ななめにもどして

4 なかわりおりする

おえかきしよう！

ブンチョウ

くちばしと目《め》のまわりを赤《あか》に

インコ

ほっぺに丸《まる》いもようを入《い》れて

ツバメ

のどのあたりを赤《あか》くぬって

メジロ

目《め》のまわりに白《しろ》いふちどり

もの知《し》りクイズ

ツバメのようにきまったきせつにいどうするとりを何《なん》という？

①わたりどり　②うみどり　③むくどり

答《こた》え ①

animal

みずとり

水鳥
water bird
［ウォータ バ～ド］

おってみよう！

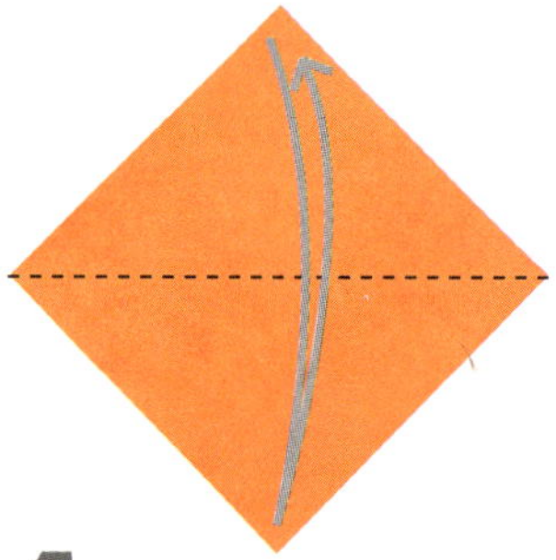

1 おりすじをつけて

2 まんなかまでおる

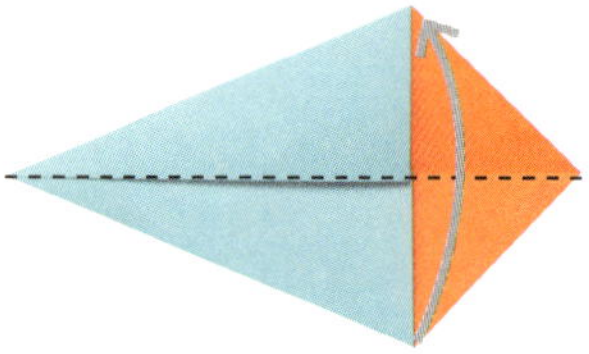

3 半分《はんぶん》におって

4 ななめに1回《かい》

5 2回《かい》おる

おえかきしよう！

ハクチョウ

白《しろ》のおりがみで

ペリカン

するどいくちばしに大《おお》きな羽《はね》

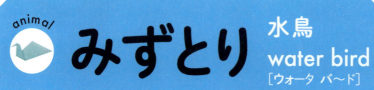

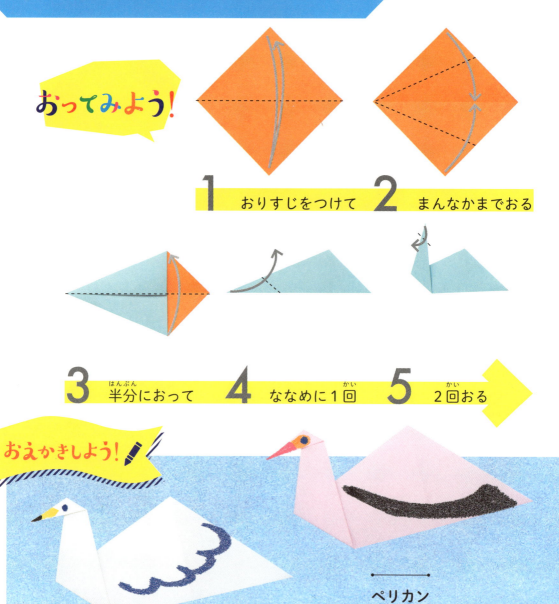

顔《かお》と羽《はね》をかいて
完成《かんせい》!

オシドリ

からだのパーツごとに
色《いろ》を分《わ》けて

カモ

黄色《きいろ》いくちばしにみどりの頭《あたま》

もの知《し》りクイズ

みずとりはさむい冬《ふゆ》をどうのりきる？　①むれでかたまってすごす　②えさをたくさん食《た》べる　③羽毛《うもう》であたたかさをたもつ

答《こた》え　③

animal

ねったいぎょ

熱帯魚
tropical fish
[トゥラピクる ふィッシ]

顔《かお》とうろこ、ひれをかこう!

おえかきしよう!

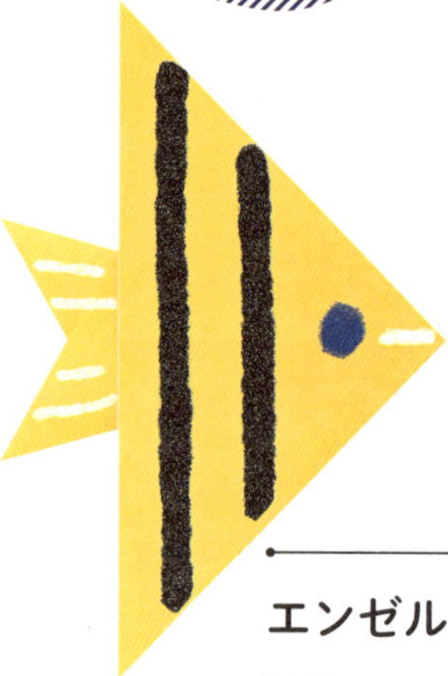

エンゼルフィッシュ

黒《くろ》いしまもよう

おってみよう!

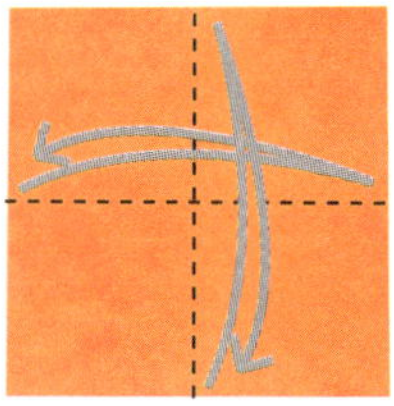

おったところ

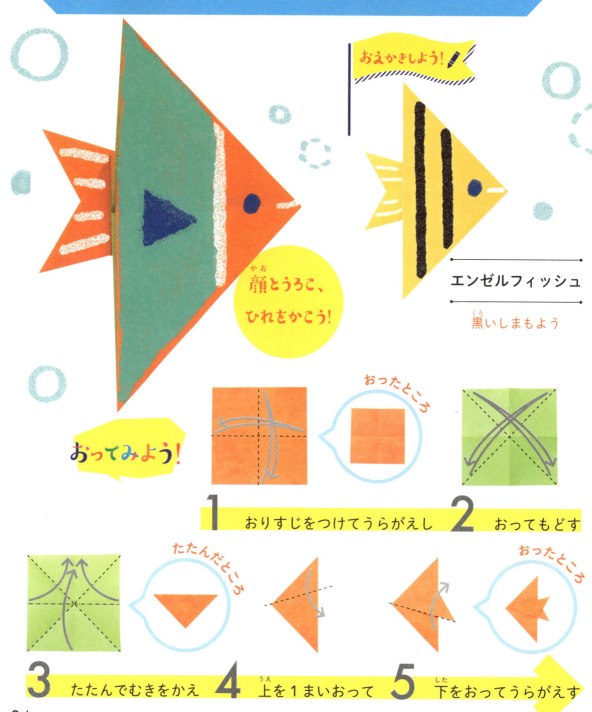

1 おりすじをつけてうらがえし

2 おってもどす

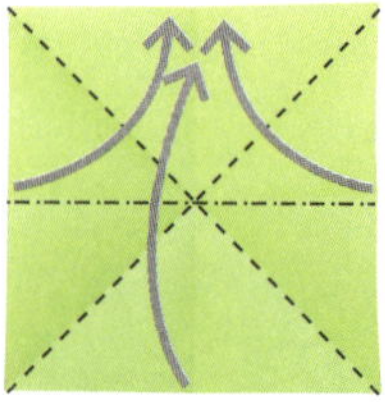

たたんだところ

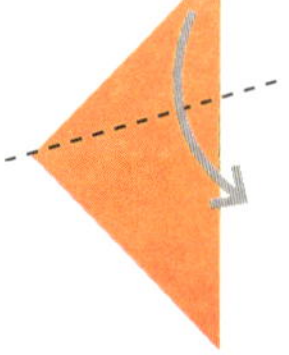

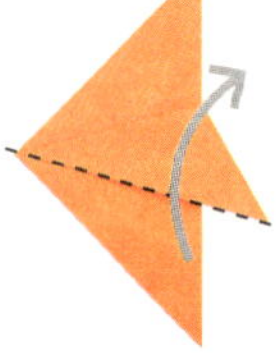

おったところ

3 たたんでむきをかえ

4 上《うえ》を1まいおって

5 下《した》をおってうらがえす

animal ペンギン penguin [ペングウィン]

おってみよう！

1 おりすじをつけて　2 下《した》をおり

3 半分《はんぶん》におる　4 ななめにおって　5 かぶせおりする

おえかきしよう！

アデリーペンギン

赤《あか》いくちばしがポイント！

顔《かお》と足《あし》をかこう！

もの知《し》りクイズ

ペンギンのつばさにはどのようなやくわりがある？

①水《みず》をかく　②空《そら》をとぶ　③さかなをつかまえる

答《こた》え ①

animal

ふくろう

梟

owl

［アウる］

おえかきしよう!

みみずく

頭《あたま》の羽《はね》を目《め》立《だ》たせて

顔《かお》と羽《はね》をかこう!

おってみよう!

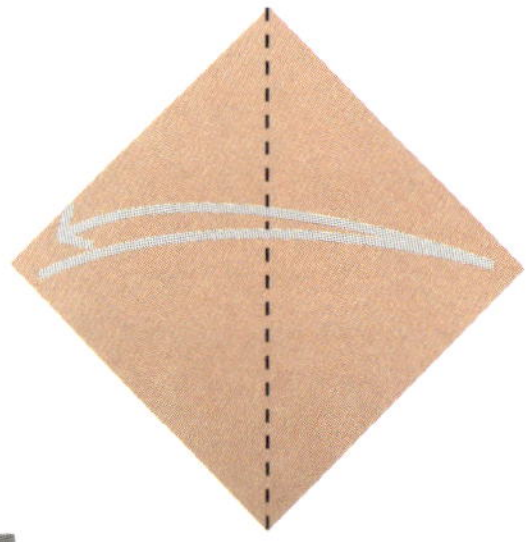

1 おりすじをつけて

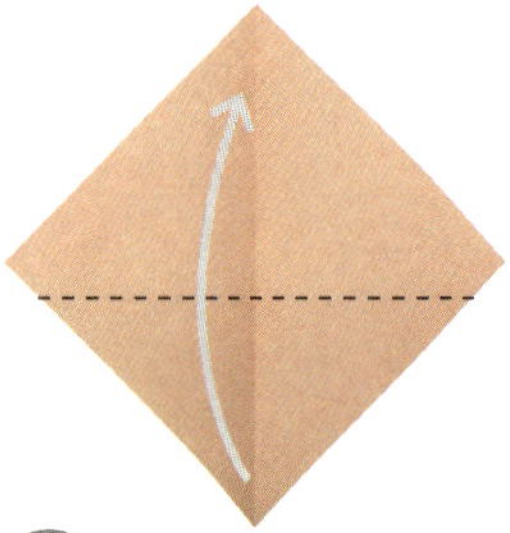

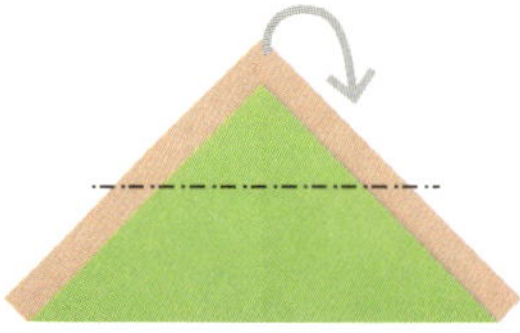

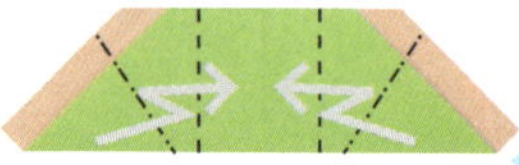

2 ずらしておる　3 半分《はんぶん》におって　4 だんおりしてうらがえす

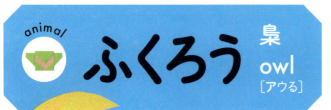

animal

ちょう

蝶

butterfly

［バタふらイ］

おってみよう!

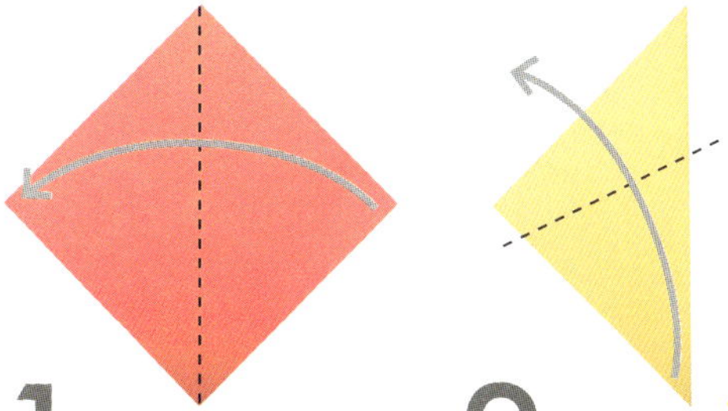

1 半分《はんぶん》におって

2 ななめにおる

おえかきしようう!

モンシロチョウ

黒《くろ》のふちどりにはんてん

からだと羽《はね》をかこう!

アゲハチョウ

黒《くろ》いあみめもよう

もの知《し》りクイズ

ちょうの羽《はね》についている「りんぷん」は、とれるとどうなる？

①羽《はね》もとれる　②羽《はね》が水《みず》にぬれやすくなる　③とびやすくなる

答《こた》え ②

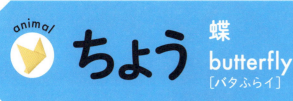

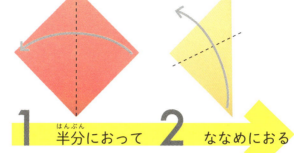

知《し》ればおえかきが
もっと楽《たの》しくなる！

いぬのひみつ

ペットとしてあいされるいぬ。
そのからだにはおどろきのパワーがあるんだ。

目《め》

うごきのあるものを見《み》つける力《ちから》にすぐれ、見《み》えるはんいも人間《にんげん》より広《ひろ》いよ。

しっぽ

走《はし》るときにからだのバランスをとるのにやくだつよ。うごきできもちもあらわすんだ。

口《くち》

するどいきばがある。あついときは口《くち》をあけてしたを出《だ》し、からだのねつを外《そと》ににがすよ。

耳《みみ》

人間《にんげん》には聞《き》こえないような小《ちい》さな音《おと》や高《たか》い音《おと》も聞《き》こえるんだ。ねている間《あいだ》も耳《みみ》がピクピクうごくよ。

はな

においをかんじるさいぼうの数《かず》が人間《にんげん》の400ばいもあるよ。はなの先《さき》はいつもしめっているんだ。

足《あし》

足《あし》のうらには、足《あし》をまもる「にくきゅう」があるよ。ゆびのぶぶんだけをじめんにつけているんだ。

食《た》べもの・スイーツ

food

ケーキ

cake
［ケイク］

おってみよう!

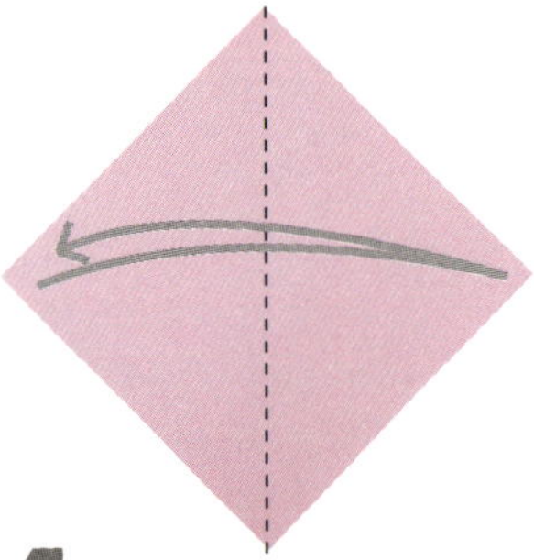

1 おりすじをつけて

2 まんなかまでおってうらがえす

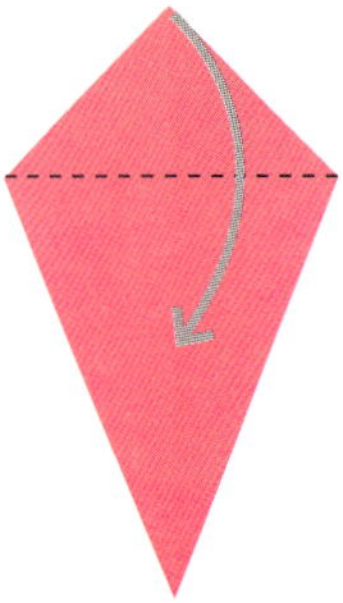

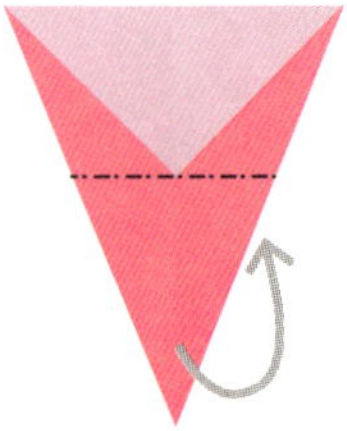

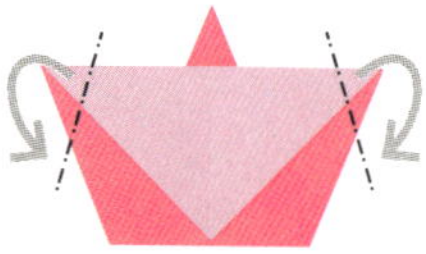

3 上《うえ》をおって

4 下《した》をおって

5 角《かど》をおる

おえかきしよう!

フルーツケーキ

数《すう》しゅるいの
フルーツをならべて

チョコレートケーキ

しまもようでクリームをはさんで

クリームや
フルーツを
かいて完成《かんせい》!

モンブラン

なみなみの線《せん》でクリームをかさねて

カップケーキ

カップの上《うえ》をデコレーションして

もの知《し》りクイズ

モンブランはフランスにある何《なに》ににている?

①山《やま》　②川《かわ》　③谷《たに》

さらなるひみつは→44ページ

答《こた》え　①

food

ソフトクリーム

soft ice cream
［ソーふト アイス クリーム］

おってみよう！

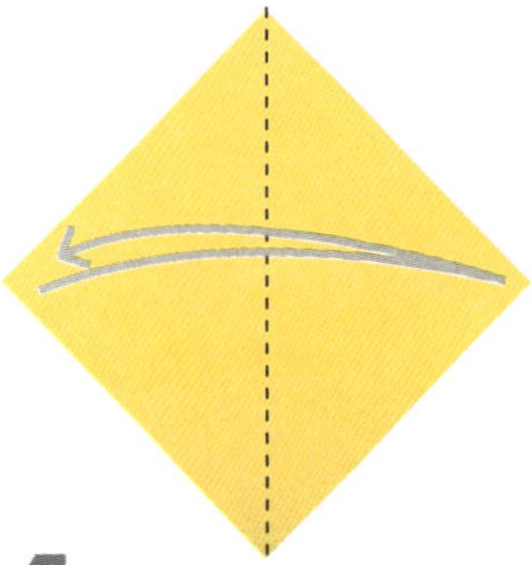

1 おりすじをつけて

2 3つにおって

おったところ

3 だんおりする

おえかきしよう！

バニラソフト

うらが白《しろ》のおりがみで

チョコソフト

茶色《ちゃいろ》のおりがみで

トッピングや
コーンを
かいて完成《かんせい》!

イチゴソフト

ピンクのおりがみで

ミックスソフト

だんごとに色《いろ》をぬり分《わ》けて

もの知《し》りクイズ

ソフトクリームをつくるとき、やわらかくするためにざいりょうに何《なに》をまぜる？ ①こおり ②さとう ③空気《くうき》

答《こた》え ③

food

プリン custard pudding

［カスタド プディング］

おってみよう!

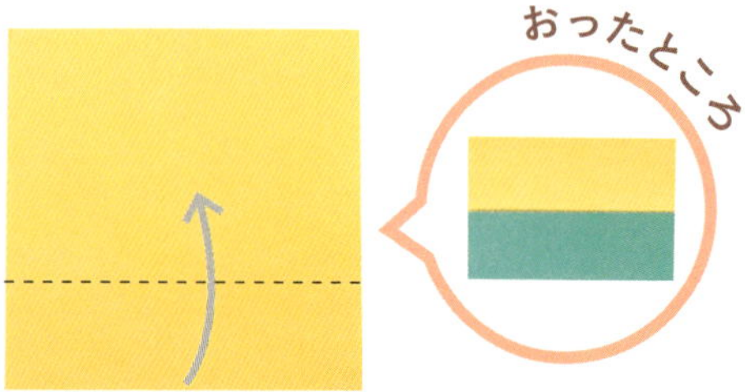

1 下《した》をおってうらがえす

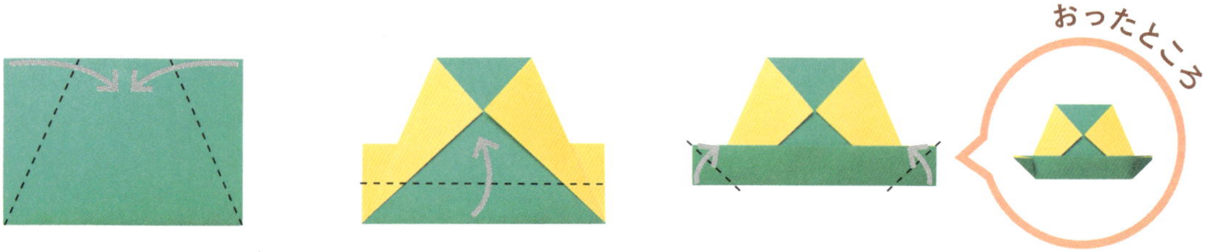

2 角《かど》を合《あ》わせ

3 半分《はんぶん》におって

4 角《かど》をおってうらがえす

おえかきしようう!

イチゴプリン

大《おお》きなイチゴをトッピング!

まっちゃプリン

茶色《ちゃいろ》く丸《まる》いあずきをのせて

マンゴープリン

四角《しかく》にカットしたマンゴーをのせて

プリンアラモード

すきなフルーツをかざって

もの知《し》りクイズ

プリンのカラメルソースのもともとのやくわりは？

①かたからとり出《だ》しやすくする　②色《いろ》をつける　③かたまりやすくする

答《こた》え　①

food

ジュース juice

［ヂュース］

おってみよう！

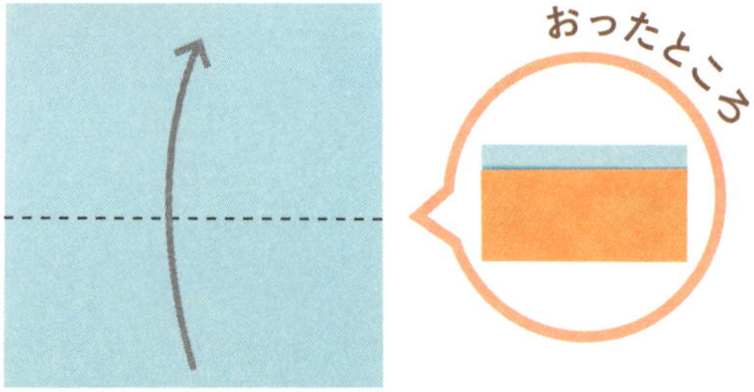

1 まんなかより少《すこ》し下《した》をおってうらがえす

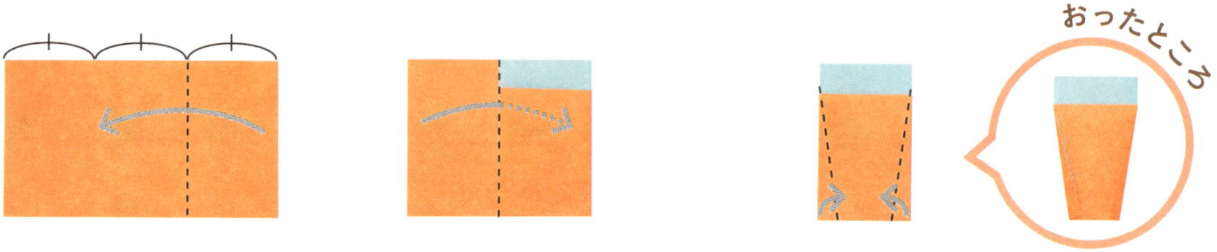

2 右《みぎ》をおって

3 左《ひだり》をさしこんで

4 ななめにおってうらがえす

おえかきしよう！

レモネード

レモンのわぎりをうかべて

ぶどうジュース

こおりもむらさきでぶどうあじに

ストローや
こおりをかいて
完成《かんせい》!

クリームソーダ

アイスクリームをのせよう!

タピオカジュース

丸《まる》いつぶつぶを下《した》のほうに

もの知《し》りクイズ

かじゅう百《ひゃく》パーセントのジュースにだけつかえる絵《え》やしゃしんは?

①くだものの切《き》り口《くち》 ②ジュースをのむ人《ひと》 ③コップに入《はい》ったジュース

答《こた》え ①

food

サンドイッチ

sandwich
[サぁン(ド)ウィッチ]

おってみよう!

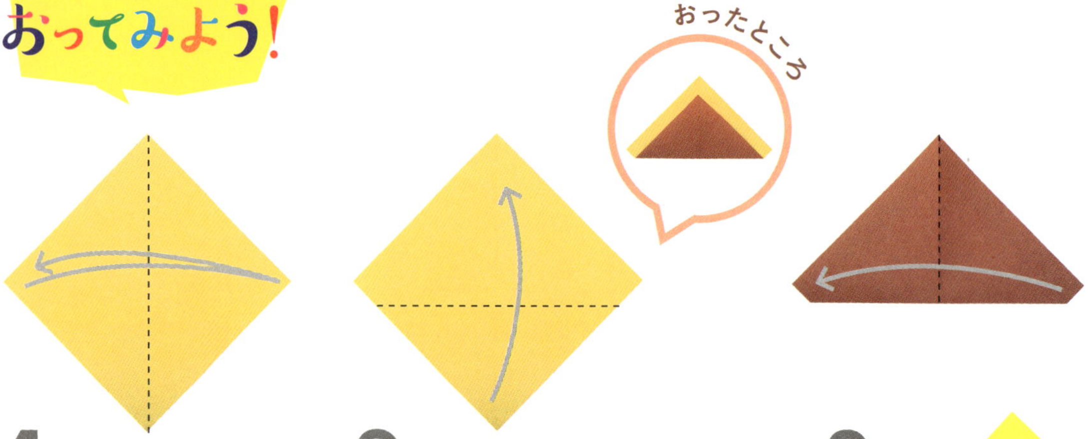

1 おりすじをつけて 2 ずらしておってうらがえし 3 半分《はんぶん》におる

おえかきしようう!

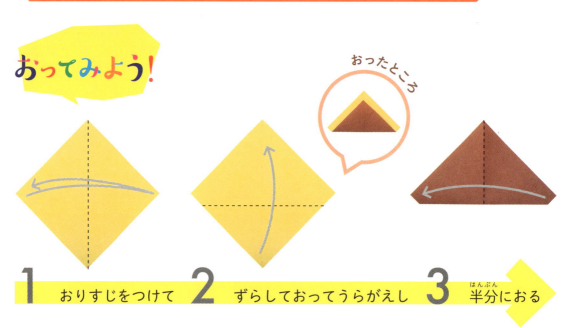

食《た》べもの・スイーツ

もの知《し》りクイズ

「BLT《ビーエルティー》サンド」の、B《ビー》はベーコン、L《エル》はレタス、ではT《ティー》は?

①ツナ　②トマト　③チーズ

答《こた》え　②（TOMATO）

food

おにぎり

rice ball
［ライス ボーる］

おってみよう！

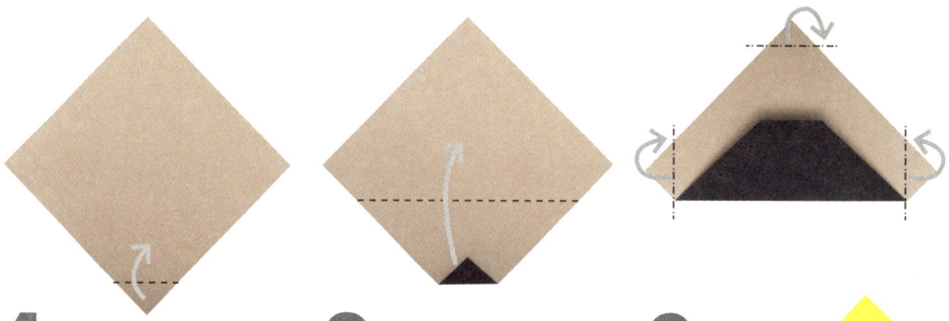

1 下《した》から1回《かい》

2 2回《かい》おって

3 角《かど》をおる

おえかきしよう！

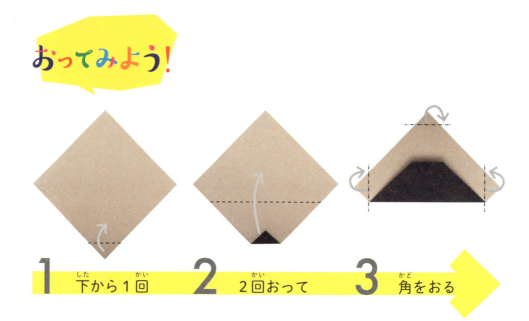

ごましお

白《しろ》と黒《くろ》の小《ちい》さなてんてん

ふりかけ

2～3色《しょく》をぜんたいにちらして

天《てん》むす

えび天《てん》は雲《くも》のような形《かたち》に

オムライス

にんじんやグリンピースをまぜて

もの知《し》りクイズ

六月十八日《ろくがつじゅうはちにち》は「おにぎりの日《ひ》」。この日《ひ》、日本《にほん》で一番古《いちばんふる》い何《なに》が見《み》つかった?

①おにぎりのしゃしん ②おにぎりの絵《え》 ③おにぎりのかせき

答《こた》え ③

food

ポット

pot
［パット］

はながらのポット

はなを３つならべて

もち手《て》や
もようをかこう!

おってみよう!

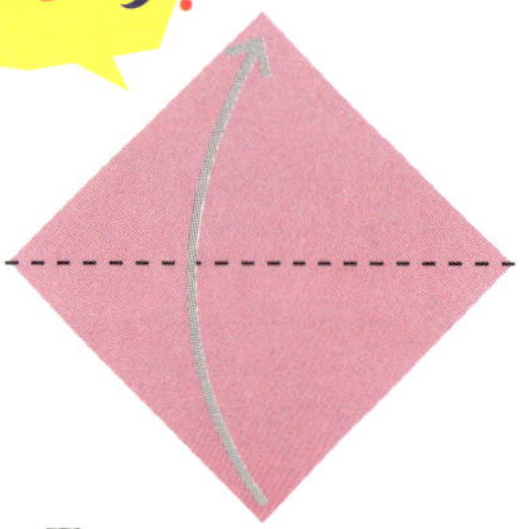

1 半分《はんぶん》におって

2 だんおりする

3 左右《さゆう》をたたんで

4 左《ひだり》をもどしてうらがえす

food カップ cup ［カップ］

おってみよう!

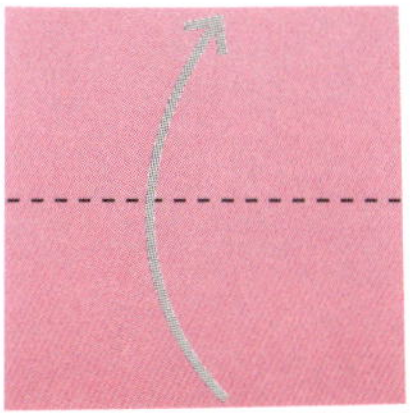

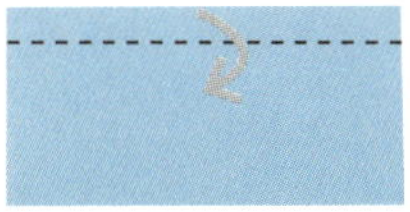

うらも同《おな》じ

1 半分《はんぶん》におって　2 上《うえ》を少《すこ》しおる

3 角《かど》をおって　4 たたんで　5 左《ひだり》をもどしてうらがえす

おえかきしよう!

はながらのカップ

ポットとおそろいでセットに

もち手《て》やもようをかこう!

もの知《し》りクイズ

カップの下《した》にしく皿《さら》のことを何《なん》という?

①ソーサー　②シーサー　③タンブラー

答《こた》え　①

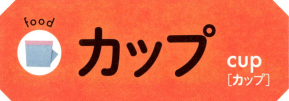

ケーキのひみつ

たんじょうびに食《た》べるショートケーキ。
そのおいしさのひみつにせまってみよう！

クリーム

ぎゅうにゅうからつくられコクのある「生《なま》クリーム」と、しょくぶつのしぼう分《ぶん》からつくられるさっぱりとした「ホイップクリーム」の２しゅるいがあるよ。

イチゴ

もっともおいしいといわれるしゅんのじきは、４月《がつ》〜５月《がつ》ごろ。あじのバランスをとるために、あまみが少《すく》ないすっぱいイチゴをえらんでつかっているおみせもあるんだ。

スポンジケーキ

フォークを入《い》れるとふんわり切《き》れるスポンジケーキ。たまごに空《くう》気《き》をふくませてしっかりあわだてることで、ふわふわになるんだよ。

バッグ

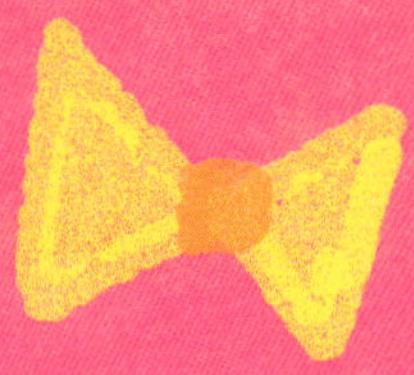

うでどけい

くちべに

アクセサリー・おしゃれ

ワンピース

ネクタイ

fashion

スマートフォン

smartphone
[スマートふォウン]

おってみよう!

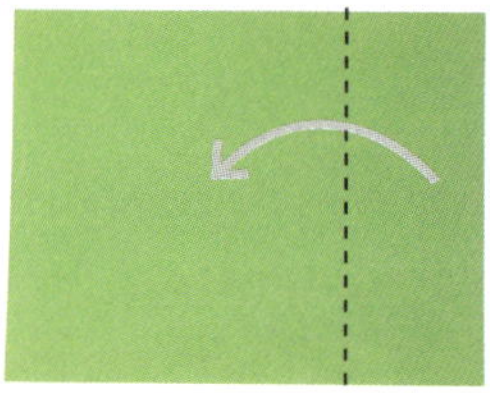

1 上下《じょうげ》をおってうらがえす

2 右《みぎ》をおって

3 左《ひだり》をさしこみうらがえす

おえかきしよう!

ハートのスマートフォン

ハートをたくさんならべて

ねこのスマートフォン

大《おお》きく顔《かお》をかいて

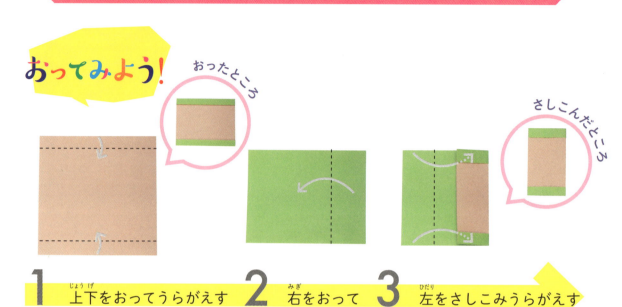

がめんをかいて完成《かんせい》!

四角《しかく》のなかに
いろいろなマークをかいて、
アプリのアイコンにしよう!

おかしのスマートフォン

ホームボタンをドーナツに

ピアノのスマートフォン

けんばんやおんぷをかいて

もの知《し》りクイズ

スマートフォンよりがめんが大《おお》きく、いたのようなパソコンを何《なん》という?

①タブレット　②キーボード　③ビスケット

さらなるひみつは→72ページ

答《こた》え ①

fashion

コンパクト

compact
［カンパぁクト］

おってみよう！

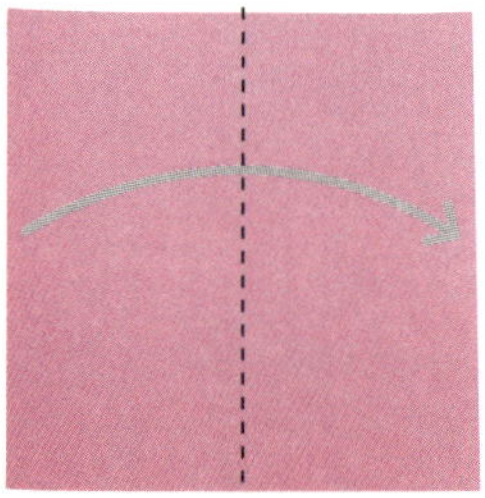

1 半分《はんぶん》におって

2 角《かど》をおる

3 まわりをおって

4 半分《はんぶん》におる

おえかきしよう！

春色《はるいろ》コンパクト

ピンクなどはなの色《いろ》をとり入《い》れて

夏色《なついろ》コンパクト

明《あか》るく元気《げんき》な色《いろ》をつかって

ふたのもよう、
かがみやパレットを
かいて完成《かんせい》！

ひらくと

秋色《あきいろ》コンパクト

おちばの色合《いろあ》いをイメージしよう！

冬色《ふゆいろ》コンパクト

青《あお》けいのあわい色《いろ》を組《く》み合《あ》わせて

もの知《し》りクイズ

アイシャドウとは顔《かお》のどのぶぶんにぬるけしょうひん？

①ほお　②目《め》もと　③まゆ毛《げ》

答《こた》え　②

fashion

くちべに 口紅 lipstick ［リップスティック］

おってみよう！

1 おりすじをつけて

2 下《した》から1回《かい》

3 2回《かい》おる

4 上《うえ》をおって

5 左《ひだり》から丸《まる》める

おえかきしよう！

夏色《なついろ》リップ

黄色《きいろ》と青《あお》のボーダーで夏《なつ》らしく

春色《はるいろ》リップ

はなをちらして

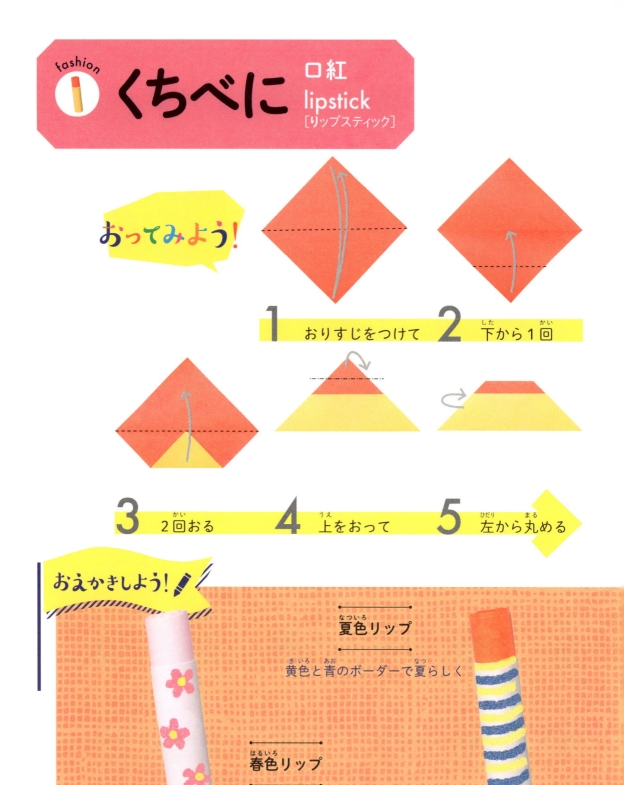

もようをかいて
さいごはのりで
とめて完成《かんせい》！

冬色《ふゆいろ》リップ

雪《ゆき》のけっしょうを
ランダムに

秋色《あきいろ》リップ

ぶどうのかおりつきリップに

もの知《し》りクイズ

くちべにをいみする「ルージュ」とは、何語《なにご》？

①イタリア語《ご》　②スペイン語《ご》　③フランス語《ご》

答《こた》え　③

fashion

バッグ

bag
［バあッグ］

おってみよう！

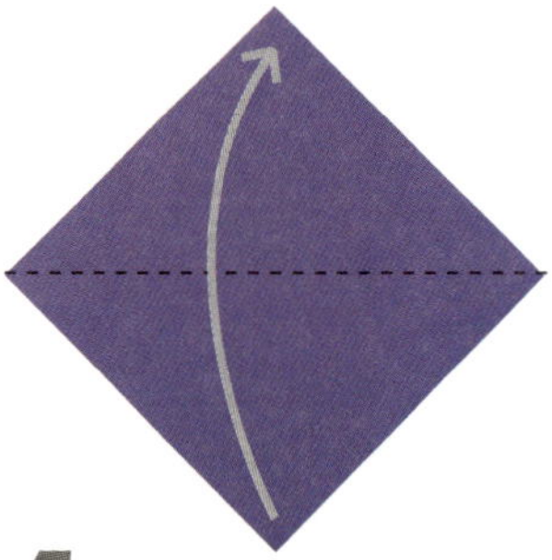

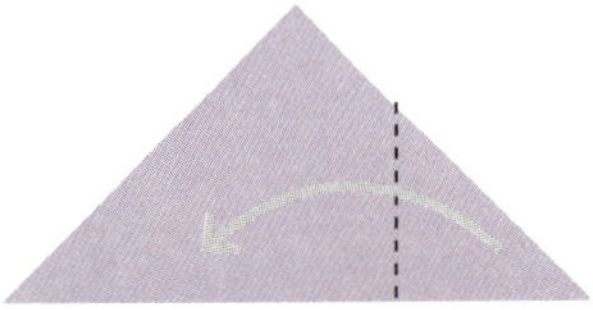

1 半分《はんぶん》におって

2 右《みぎ》をおって

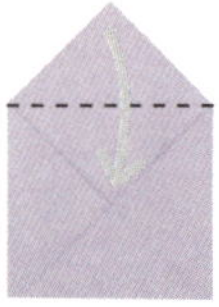

3 左《ひだり》をさしこむ

4 1まいめくって

5 角《かど》をおる

おえかきしよう！

もようのバッグ

小《ちい》さなマークを
たくさんちりばめて

かぎつきバッグ

ふたの先《さき》にかぎをぶら下《さ》げて

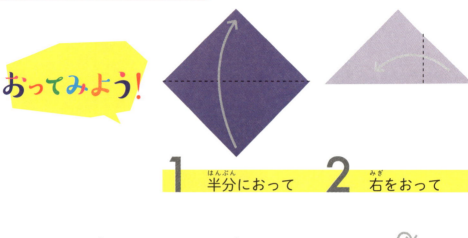

もち手《て》をかいて完成《かんせい》!

リボンのバッグ

リボンのふたに
パールのもち手《て》

トートバッグ

長《なが》いもち手《て》でじょうぶに

もの知《し》りクイズ

トートバッグは、もともと何《なに》をはこぶためのもの？

①こおり　②まき　③ようふく

答《こた》え　①

 うでどけい

腕時計
watch
［ワッチ］

おってみよう!

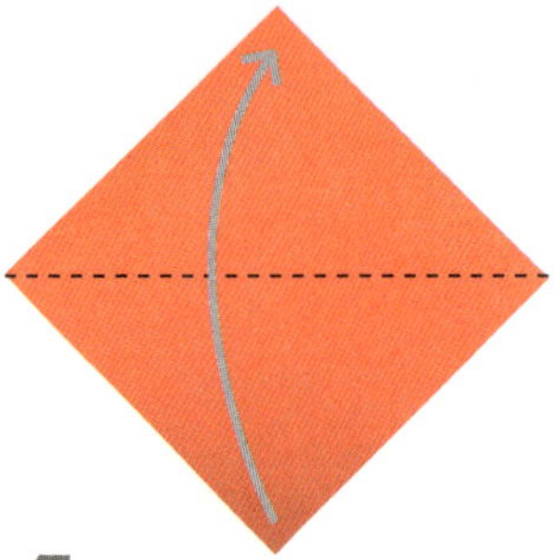

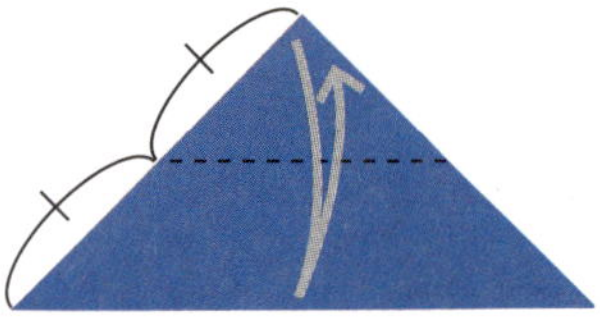

1 半分《はんぶん》におって

2 おりすじを半分《はんぶん》と

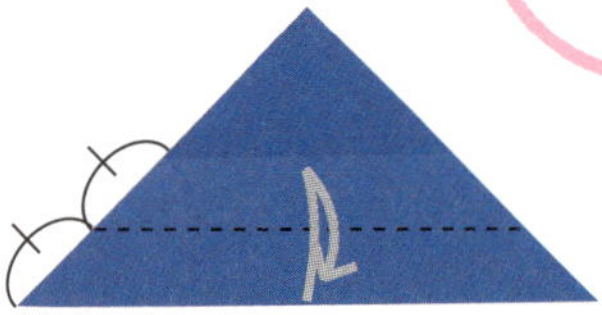

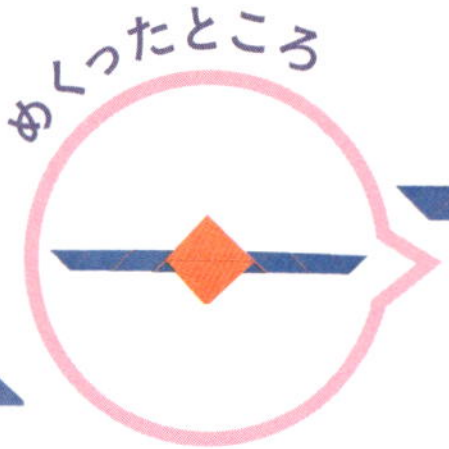

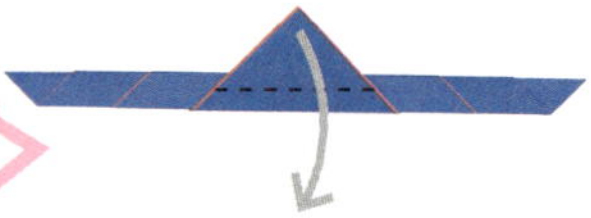

3 もう半分《はんぶん》にもつける

4 まきおりしてうらがえし

5 1まいめくる

おえかきしよう!

顔《かお》のうでどけい

大《おお》きな顔《かお》の上《うえ》に
やじるしをかさねて

デジタルうでどけい

ぼうを組《く》み合《あ》わせて数字《すうじ》をつくって

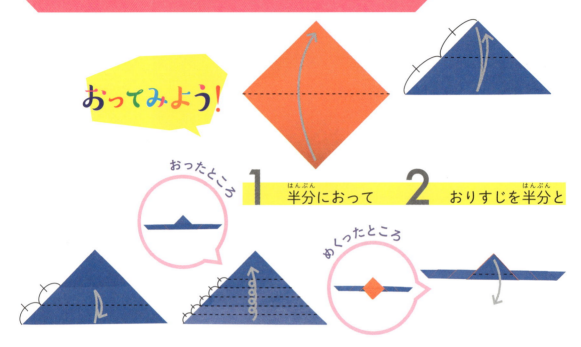

文字《もじ》ばんを
かいて完成《かんせい》!

● うでどけいのつなげかた

かたほうのはしを、はんたいのはしにさしこむよ。
（内《うち》がわも同《おな》じ）

リボンのうでどけい

はりの先《さき》にリボンをつけて

ひこうきのうでどけい

はりの先《さき》にひこうきや
雲《くも》をつけて

もの知《し》りクイズ

はりがうごいて時間《じかん》をさししめすタイプのとけいは「何《なに》しき」？

①デジタル　②アナログ　③クロック

答え ②

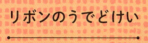

fashion

ブレスレット

bracelet
［ブレイスれット］

おってみよう！

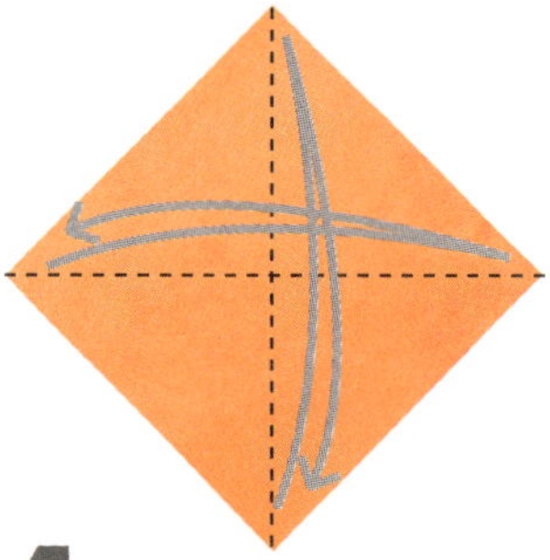

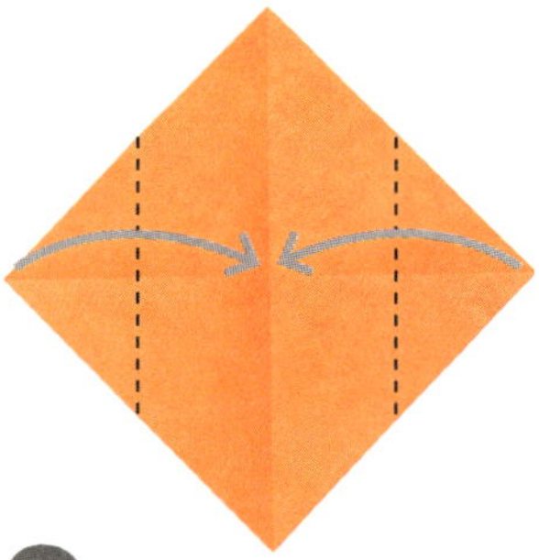

1 おりすじをつけて 2 角《かど》を合《あ》わせる

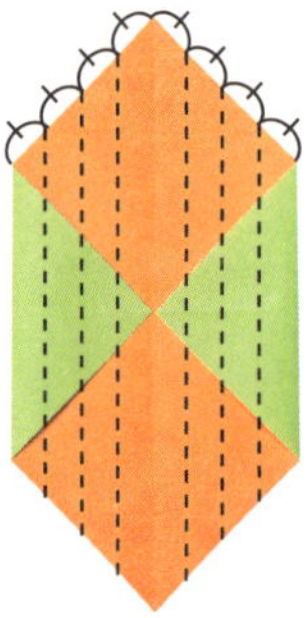

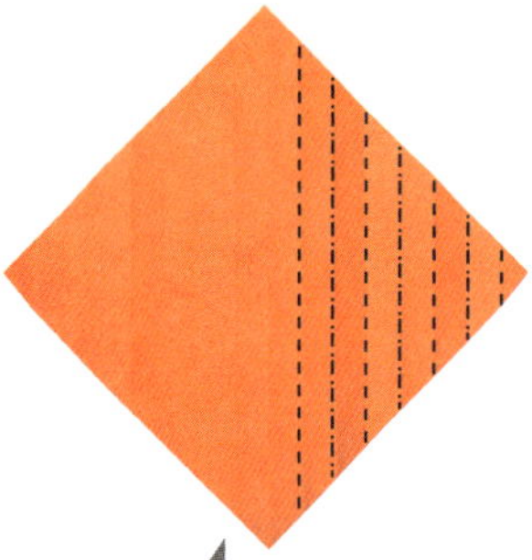

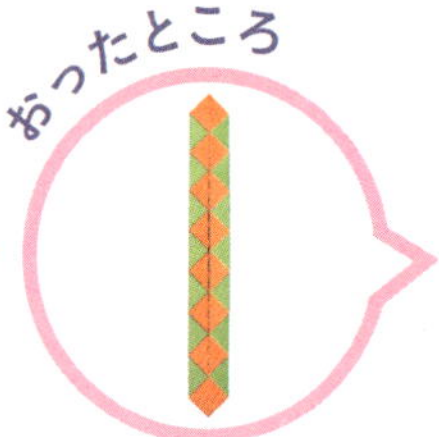

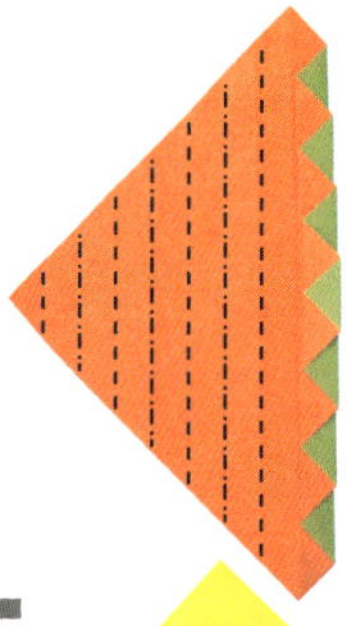

3 おりすじをつけてひらいて 4 右《みぎ》からこうごにたたみ 5 左《ひだり》もおる

おえかきしよう！

ほうせきのブレスレット

よこ長《なが》の六角形《ろっかくけい》のなかに線《せん》を入《い》れて

ハートのブレスレット

大小《だいしょう》のハートを組《く》み合《あ》わせて

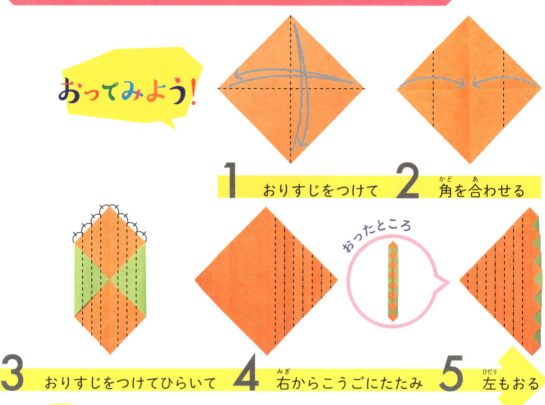

かざりをかいて 完成《かんせい》!

●ブレスレットのつなげかた

外《そと》がわから、かたほうのはしをはんたいのはしにさしこむよ。

はなのブレスレット

はなの間《あいだ》に草《くさ》を入《い》れて

金《きん》のブレスレット

金色《きんいろ》のおりがみでゴージャスに

もの知《し》りクイズ

足首《あしくび》につけるアクセサリーは何《なん》という?

①ラクレット　②アンクレット　③フェレット

答え　②

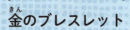

fashion

ゆびわ

指輪

ring
［リング］

おってみよう！

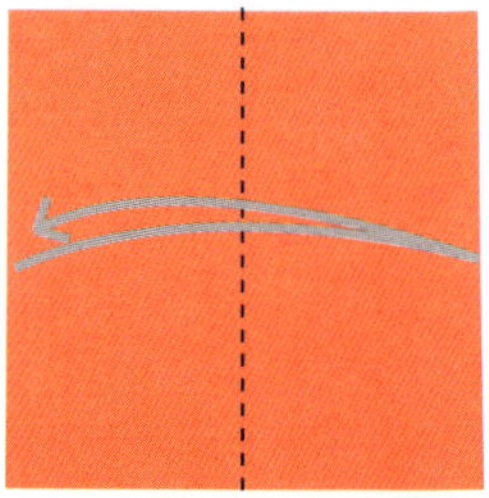

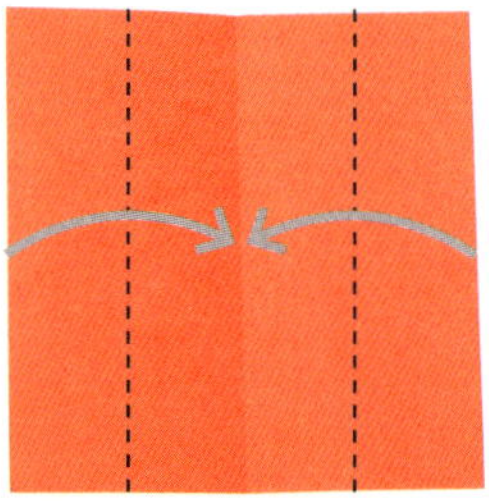

1 おりすじをつけて

2 まんなかまで1回《かい》

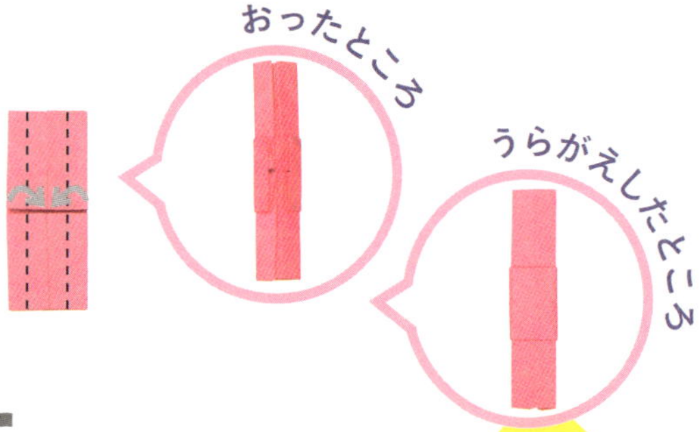

3 2回《かい》おる

4 だんおりして

5 まんなかまでおってうらがえす

おえかきしよう！

ルビーのゆびわ

赤《あか》やピンクの角《かく》ばった形《かたち》に

エメラルドのゆびわ

みどり色《いろ》の長丸《ながまる》に

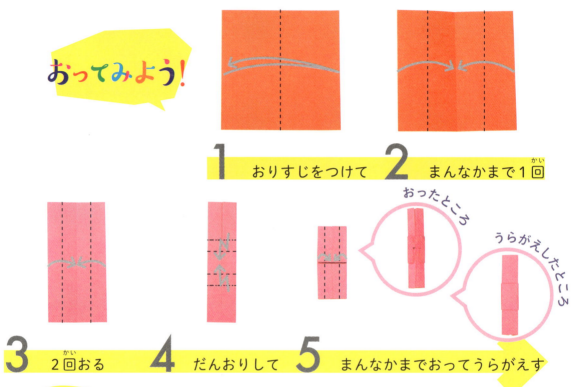

ほうせきをかいて
完成《かんせい》!

● ゆびわのつなげかた

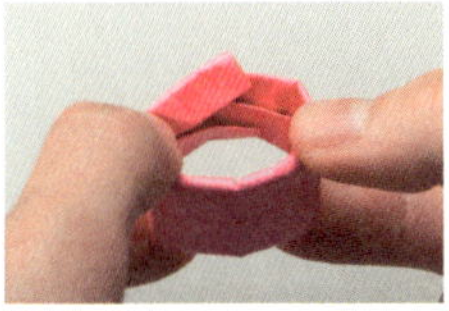

内《うち》がわから、かたほうのはしをはんたいのはしにさしこむよ。

パールのゆびわ

白《しろ》い丸《まる》にとめぐをつけて

ダイヤモンドのゆびわ

六角形《ろっかくけい》のなかに星《ほし》を入《い》れて

もの知《し》りクイズ

ピンキーリングとは、どのゆびにはめるゆびわ?
①なかゆび ②くすりゆび ③小《こ》ゆび

答《こた》え ③

fashion

かんむり

冠

crown

［クラウン］

おってみよう!

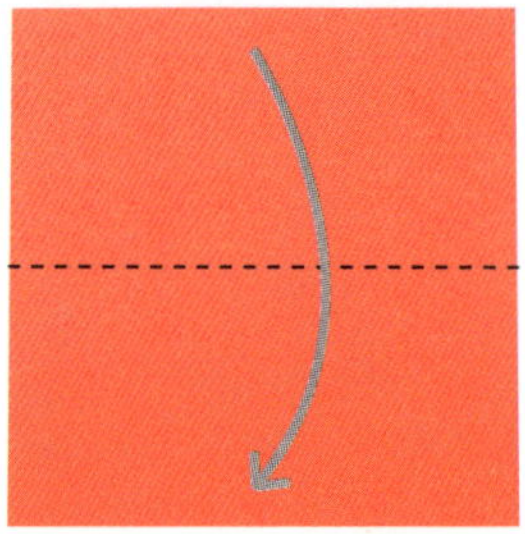

1 半分《はんぶん》におって

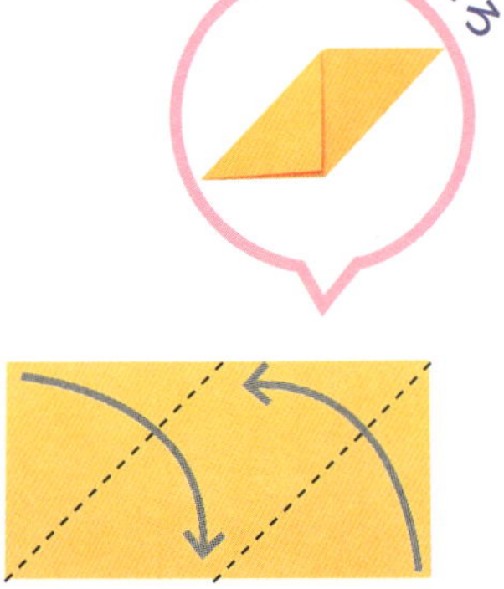

2 ななめにおってうらがえす

3 角《かど》を出《だ》してむきをかえ

4 さしこんでうらがえし

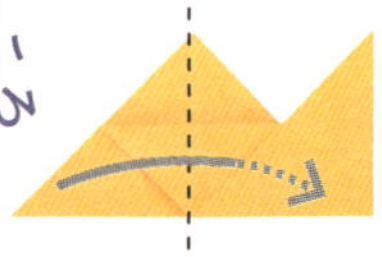

5 うらもさしこむ

おえかきしよう!

おうかん

おうさまのしるしを
まんなかに

はなのかんむり

はなのモチーフをつなげて

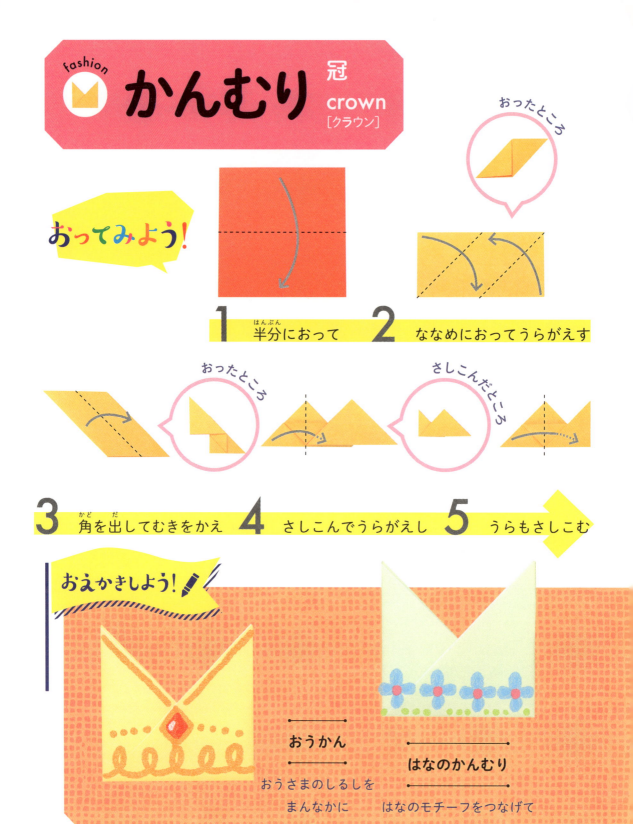

もようをかいて
完成《かんせい》!

ほうせきのかんむり

ダイヤと丸《まる》を組《く》み合《あ》わせて

じゅうじかのかんむり

先《さき》をギザギザにして

もの知《し》りクイズ

おうかんのギザギザは何《なに》をあらわしたもの？

①しょくぶつのとげ　②たいよう　③ライオンのたてがみ

答《こた》え ②

fashion

リボン

ribbon
［リボン］

おってみよう！

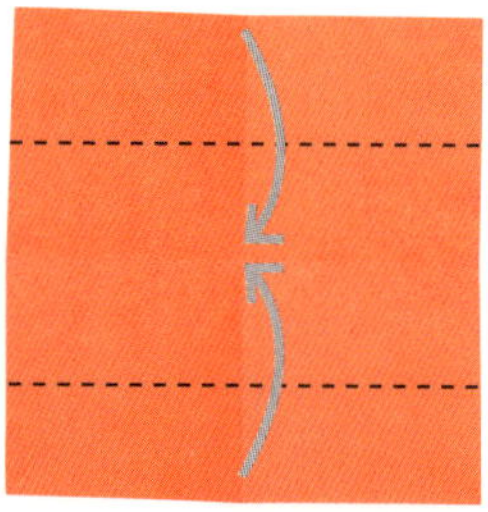

1 おりすじをつけて

2 まんなかまで1回《かい》

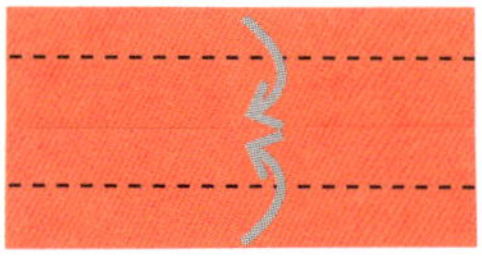

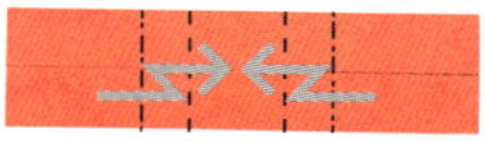

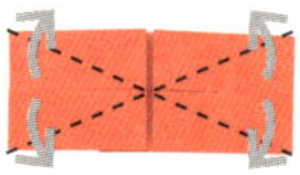

3 2回《かい》おる

4 だんおりして

5 ななめにひらいてうらがえす

おえかきしよう！

水玉《みずたま》リボン

丸《まる》の大《おお》きさはリボンに合《あ》わせて

ギンガムリボン

白《しろ》の上《うえ》にチェックのもよう

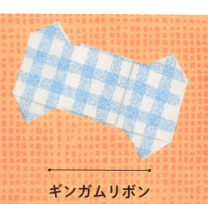

もようをかいて
完成《かんせい》!

アーガイルリボン

ダイヤの上《うえ》にななめの線《せん》を入《い》れて

星《ほし》のリボン

星《ほし》をちりばめて

もの知《し》りクイズ

つぎのうち、リボンむすびと同《おな》じ形《かたち》でないものはどれ？

①ちょうむすび　②玉《たま》むすび　③はなむすび

答《こた》え　②

fashion

シャツ shirt

[シャ〜ト]

おってみよう！

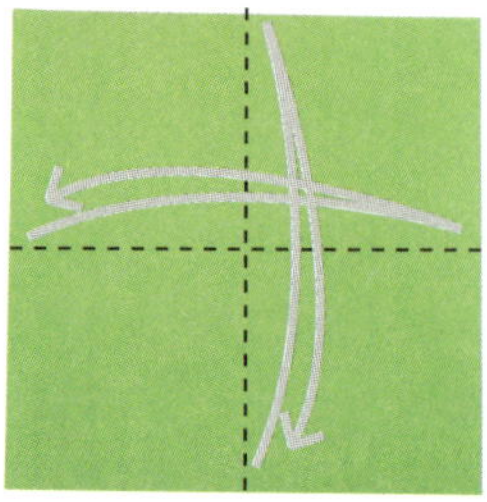

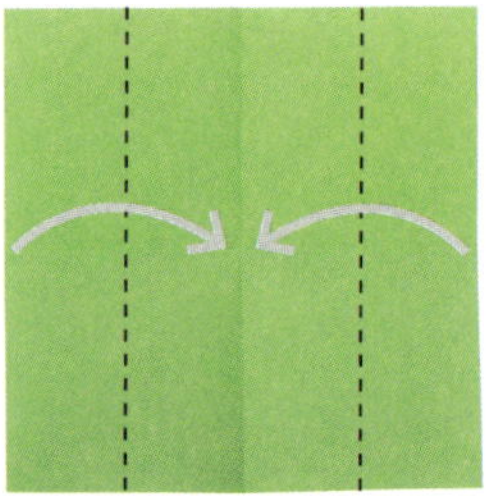

1 おりすじをつけて　2 まんなかまでおる

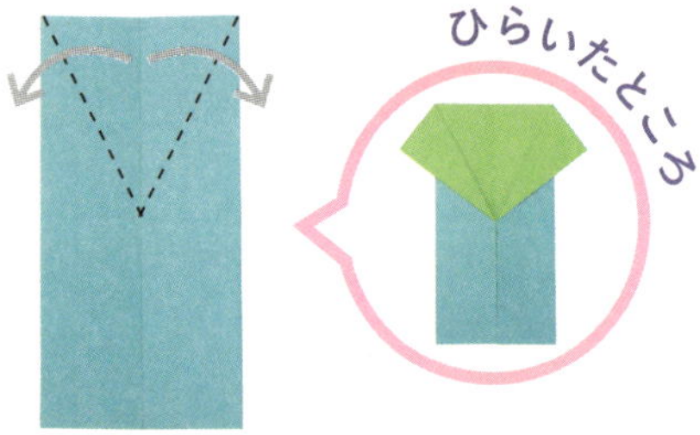

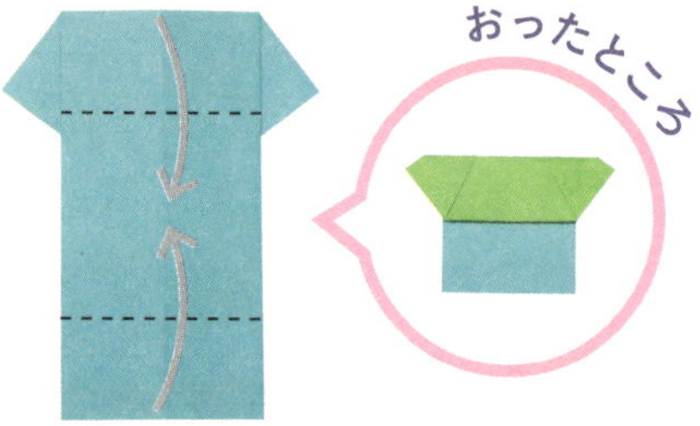

3 ななめにひらいてうらがえし　4 上下《じょうげ》を合《あ》わせてうらがえす

おえかきしようう！

ボーダーシャツ

白地《しろじ》に赤《あか》いしまもよう

ユニフォーム

むねにばんごう入《い》り

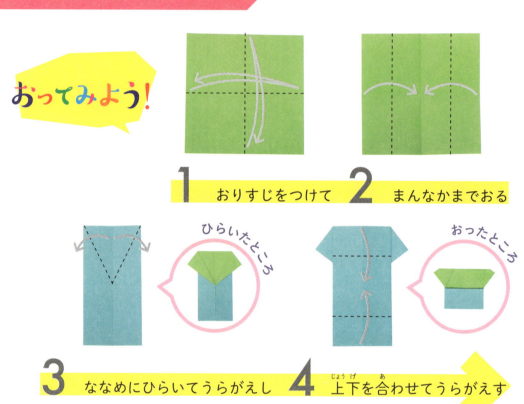

ボタンやポケットを かいて完成《かんせい》!

セーラーシャツ

こん色《いろ》のえりにスカーフをつけて

アロハシャツ

ハイビスカスのはなをちらして

もの知《し》りクイズ

さいしょにセーラーふくをきたのは、どんなしごとの人《ひと》たち?

①ふねのせんいん　②電車《でんしゃ》のうんてんしゅ　③ひこうきのパイロット

答《こた》え ①

fashion

ワンピース dress ［ドゥレス］

おってみよう!

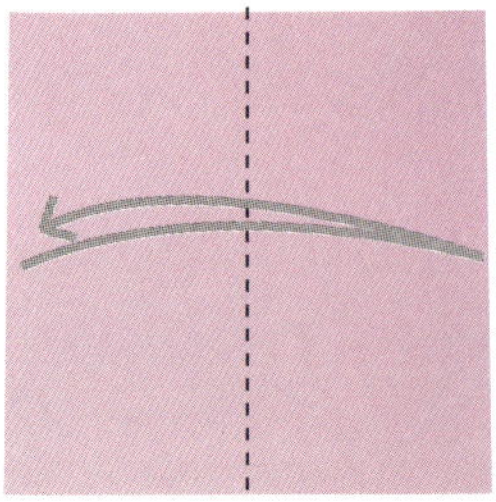

1 おりすじをつけて

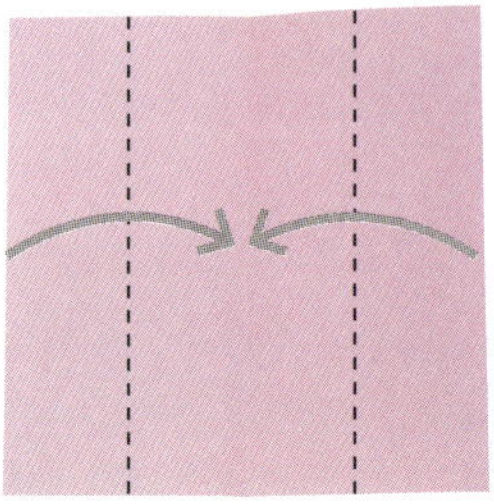

2 まんなかまでおる

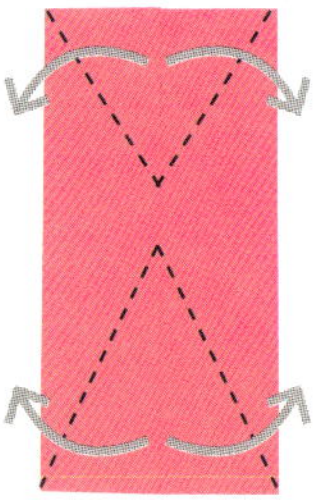

3 ななめにひらいて

4 だんおりして

5 上《うえ》をおる

おえかきしようう!

水玉《みずたま》のワンピース

スカートに丸《まる》い
もようを入《い》れて

マリンワンピース

えりとすそに２本《ほん》の青《あお》いライン

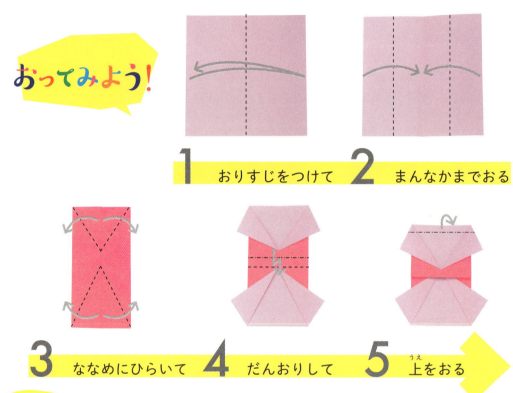

はなのワンピース

ぜんたいにはなをちらして

ストライプのワンピース

すそにむかってだんだん線《せん》を広《ひろ》げて

もの知《し》りクイズ

えいごで「ワンピース」とはどんないみ?

①ふんわりとした ②上下《じょうげ》がつながった ③長《なが》いスカートの

答《こた》え ②

fashion

ネクタイ

necktie
[ネクタイ]

おってみよう!

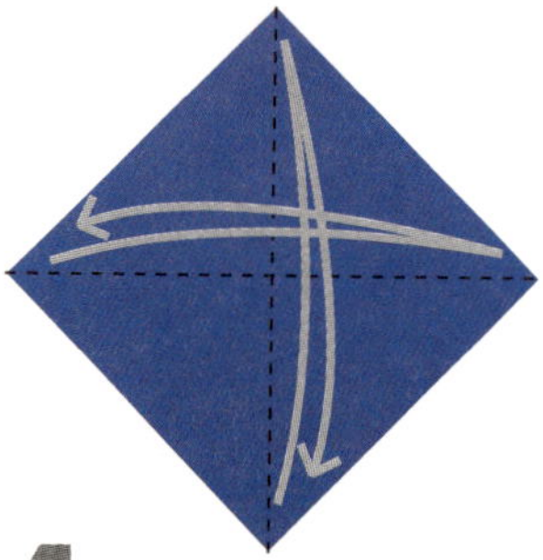

1 おりすじをつけ

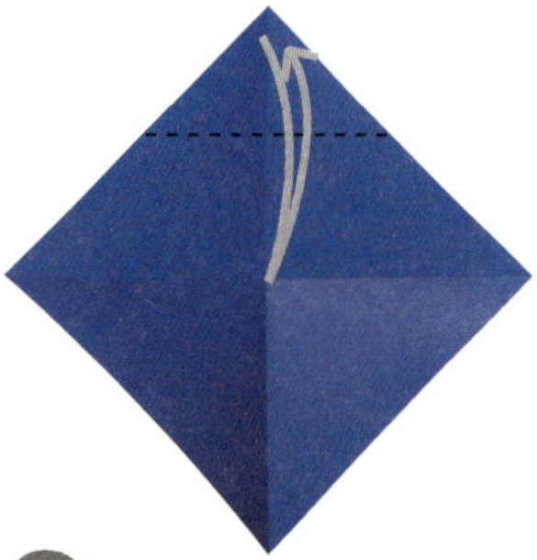

2 おってもどし

3 まきおりしてうらがえす

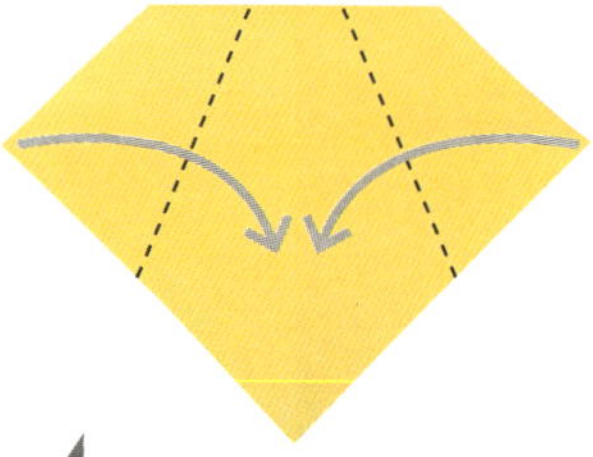

4 左右《さゆう》を1回《かい》

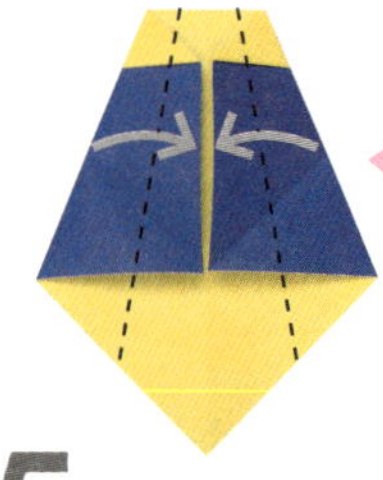

5 2回《かい》おってうらがえす

おえかきしよう!

星《ほし》がらのネクタイ

下《した》にいくほど大《おお》きな星《ほし》に

チェックのネクタイ

たてとよこに線《せん》をこうさせて

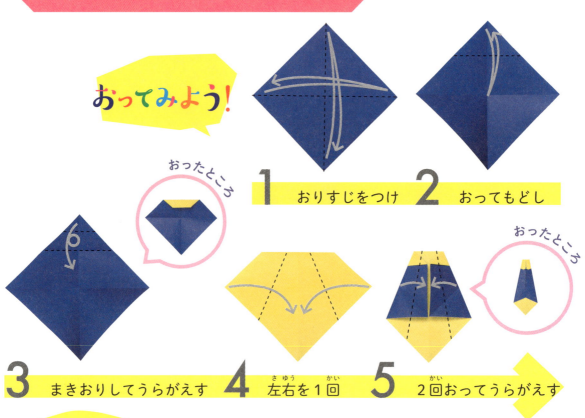

水玉《みずたま》のネクタイ

いろいろな大《おお》きさの丸《まる》をランダムに

ヒョウがらのネクタイ

でこぼこの長丸《ながまる》に茶色《ちゃいろ》のふちどりを

もの知《し》りクイズ

ちょうネクタイのもう一《ひと》つのよびかたは？

①リボンネクタイ ②ボウタイ ③スクエアタイ

答《こた》え ②

fashion

くつした

靴下

socks

［サックス］

おってみよう！

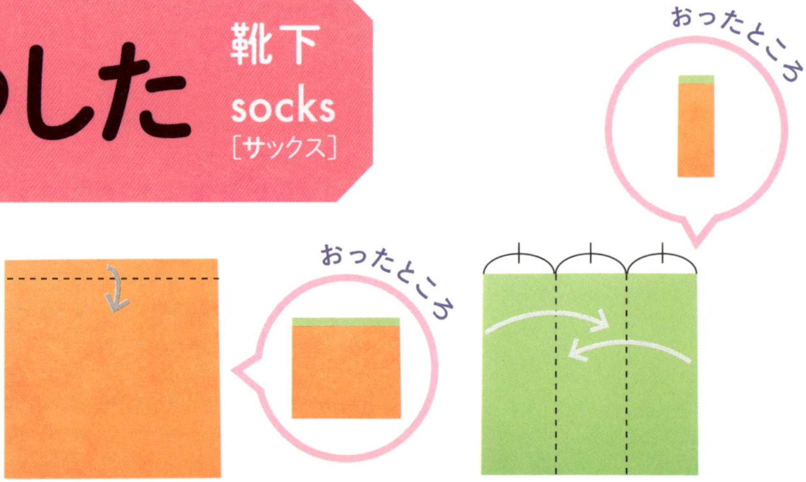

1 上《うえ》をおってうらがえし

2 3つにおってうらがえす

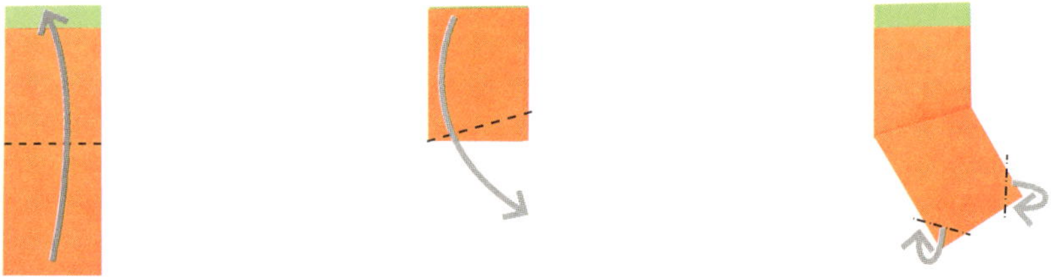

3 半分《はんぶん》におって

4 ななめにもどして

5 角《かど》をおる

おえかきしよう！

ボーダーのくつした

カーブに合《あ》わせて
線《せん》もななめに

水玉《みずたま》のくつした

同《おな》じすきまをあけて
丸《まる》をならべて

アクセサリー・おしゃれ

がらをかいて
完成《かんせい》!

くまのくつした

顔《かお》や耳《みみ》を丸《まる》くすればかわいいくまに

雪《ゆき》がらのくつした

＊《こめ》じるしに線《せん》を足《た》していこう！

もの知《し》りクイズ

「オーバーニーソックス」というくつしたは、足《あし》のどこの上《うえ》までくる長《なが》さ？　①くるぶし　②ひざ　③太《ふと》もも

答《こた》え　②

知《し》ればおえかきがもっと楽《たの》しくなる！

スマートフォンのひみつ

メール、電話《でんわ》、音楽《おんがく》など、さまざまなことができるスマートフォン。どんなしくみでうごくのかな？

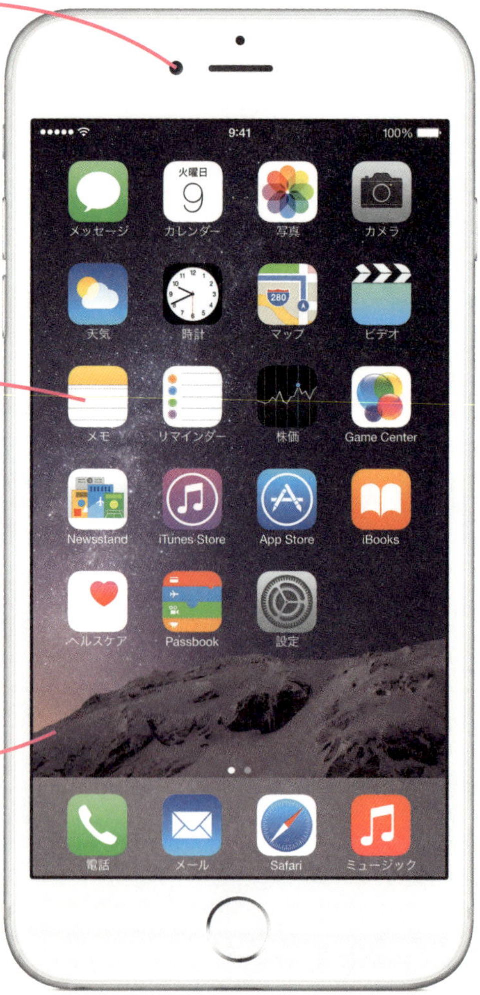

カメラ

ピントをじどうでちょうせつしてくれるきのうがついている。フラッシュをつかえば、くらいところでもさつえいできるよ。

アプリ

ゲームやうらないなど、すきなものをダウンロードすると、がめんにアイコンがひょうじされるよ。

タッチパネル

がめんのひょうめんをせいでんきがおおっているよ。そのせいでんきにゆびがふれることで、パネルがはんのうするんだ。

のりもの・まち

town

じどうしゃ

自動車 car ［カー］

おってみよう！

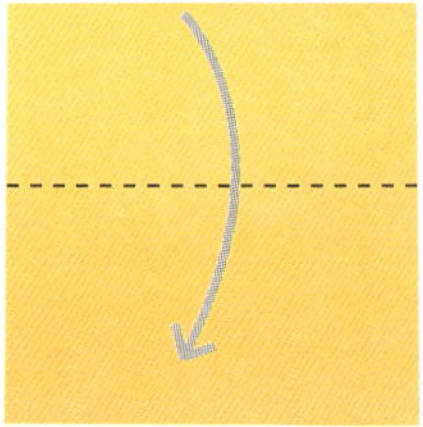

1 まんなかより少《すこ》し上《うえ》をおって

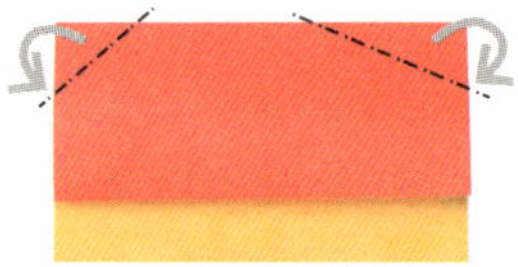

2 角《かど》を２つおる

おえかきしよう！

パトカー

白《しろ》と黒《くろ》の車体《しゃたい》にサイレンをつけて

スポーツカー

まどを細長《ほそなが》くしよう！

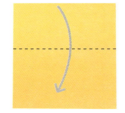

タイヤやまどを
かいて完成《かんせい》!

しょうぼうしゃ

ホースやはしごをつんで

トラック

まどは1つでうしろは荷台《にだい》に

もの知《し》り
クイズ

パトカーの「パト」は、何《なん》ということばをみじかくしたもの？

①パトロール　②パートナー　③パイロット

答《こた》え ①

town

ききゅう 気球

balloon
［バルーン］

おってみよう!

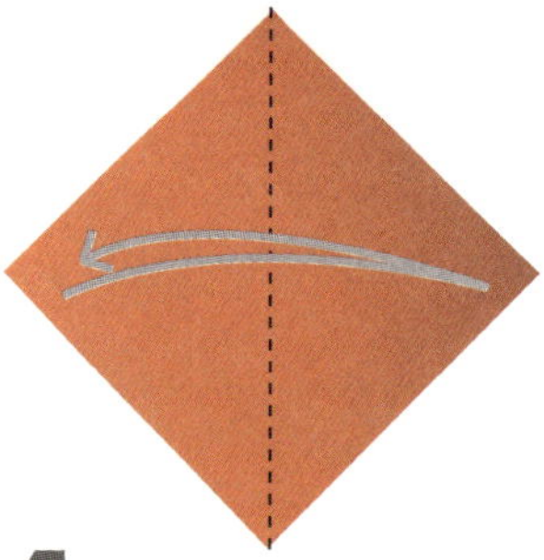

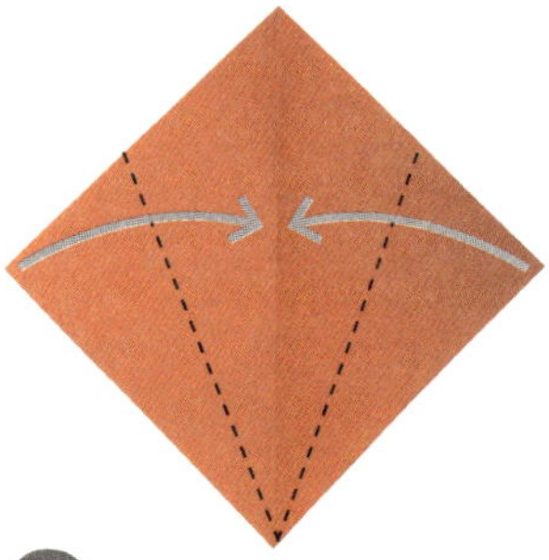

1 おりすじをつけて 2 まんなかまでおる

3 上《うえ》をおって 4 下《した》をおって 5 左右《さゆう》を少《すこ》しおってうらがえす

おえかきしよう!

パッチワークのききゅう

いろいろな色《いろ》やがらを
組《く》み合《あ》わせて

ハートのききゅう

丸《まる》に近《ちか》い
ふっくらとしたハート形《がた》

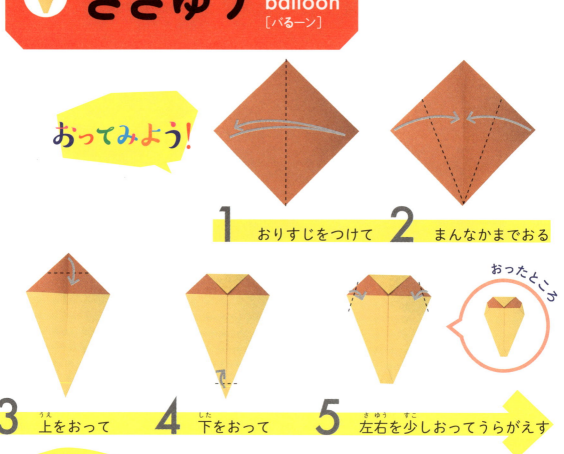

ふうせんや
バスケットを
かいて完成《かんせい》!

アイスクリームのききゅう

バスケットにコーンのもよう入《い》り

ふぐのききゅう

丸《まる》いおちょぼ口《ぐち》がポイント!

もの知《し》りクイズ

ききゅうは、なかの空気《くうき》をどうすることで空《そら》にうかぶ?

①あたためる　②ひやす　③ふやす

答《こた》え ①

さらなるひみつは→84ページ

town

しんかんせん

新幹線

the bullet train

［ざ ブれット トゥレイン］

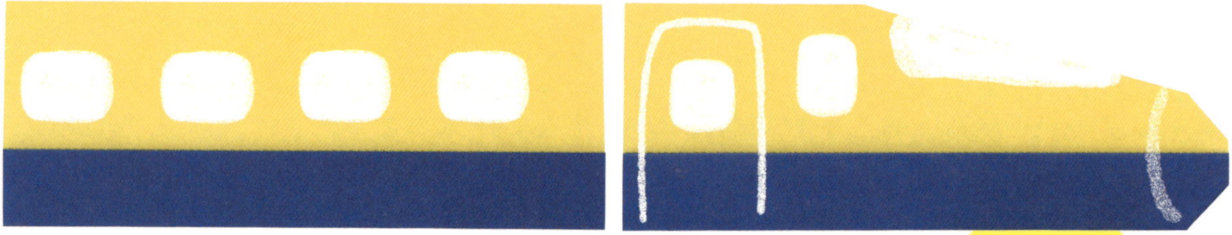

2りょう目《め》は4までおる

まどやドアをかこう!

おえかきしよう!

しんかんせん2

赤《あか》いおりがみで

おってみよう!

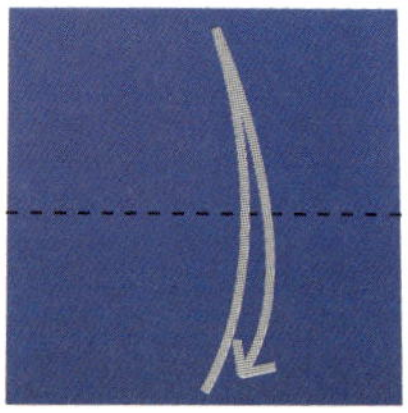

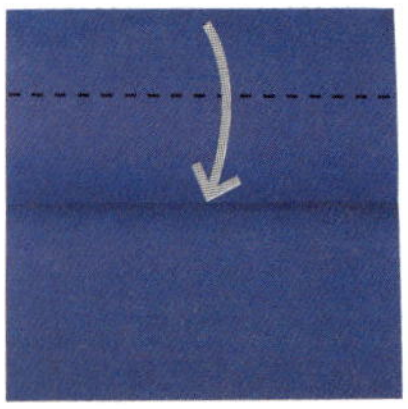

おったところ

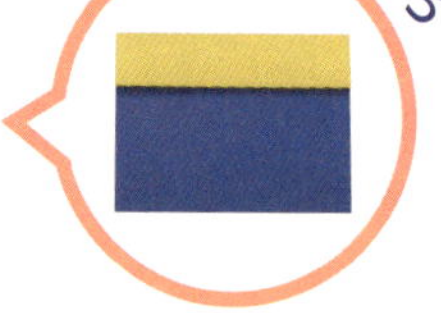

1 おりすじをつけて

2 上《うえ》をおってうらがえす

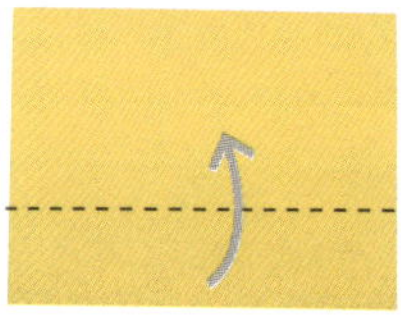

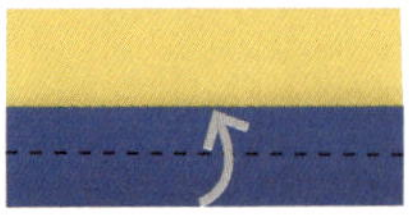

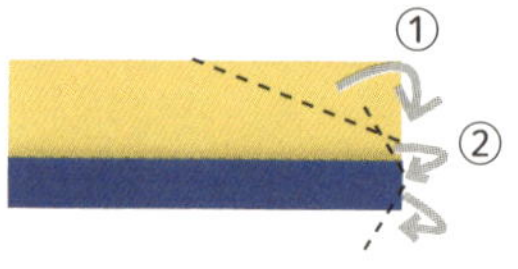

3 下《した》から1回《かい》

4 2回《かい》おって

5 角《かど》をじゅんばんにおる

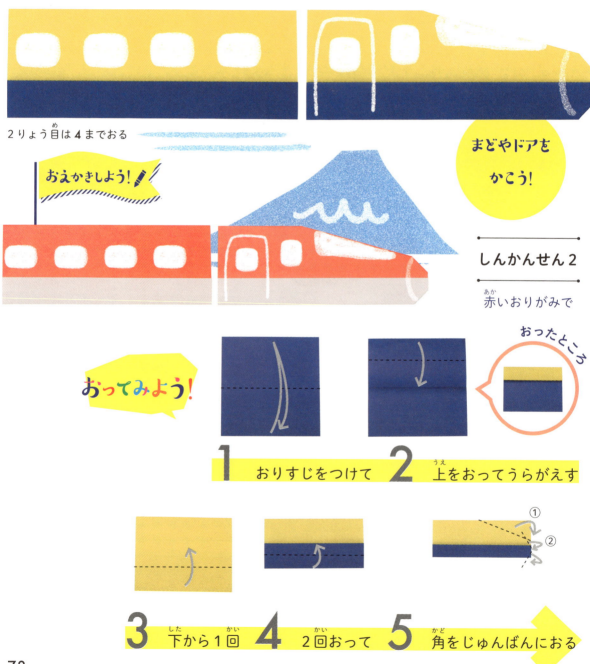

town

ヨット yacht
［ヤット］

おってみよう！

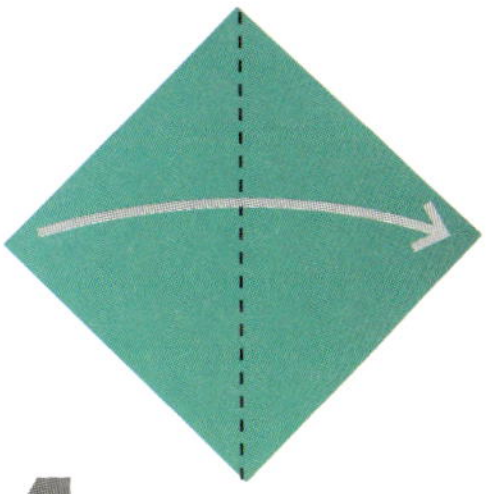

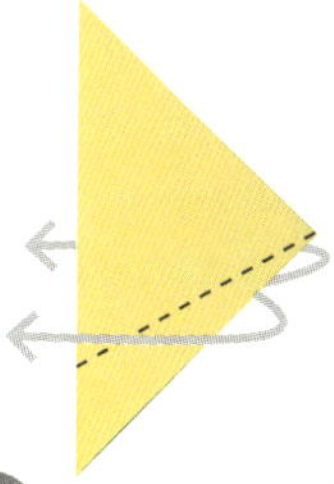

1 半分《はんぶん》におって　2 かぶせおりする

おえかきしよう！

かいぞくせん

いかりやどくろのマークを入《い》れて

ほにもようをかこう！

もの知《し》りクイズ

ヨットはおもに何《なん》の力《ちから》をりようしてすすむ？

①電気《でんき》　②水《みず》　③風《かぜ》

答《こた》え　③

town

いえ

家

house
［ハウス］

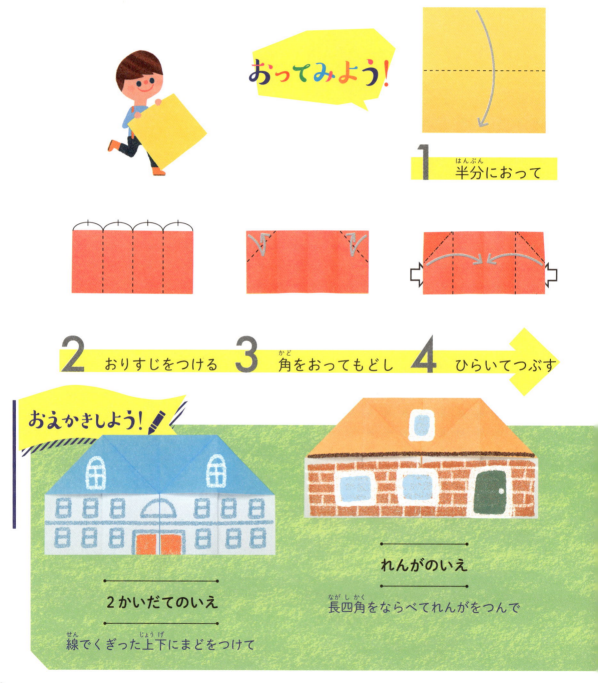

おってみよう！

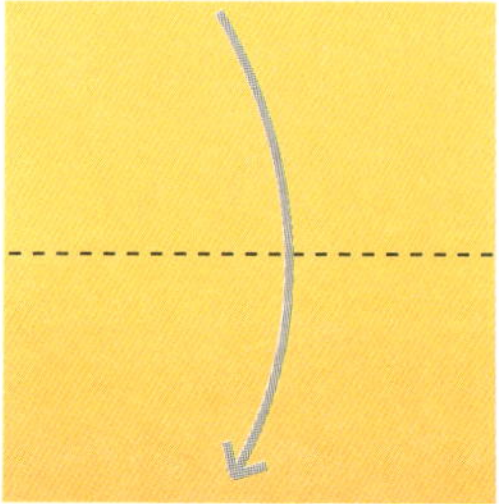

1 半分《はんぶん》におって

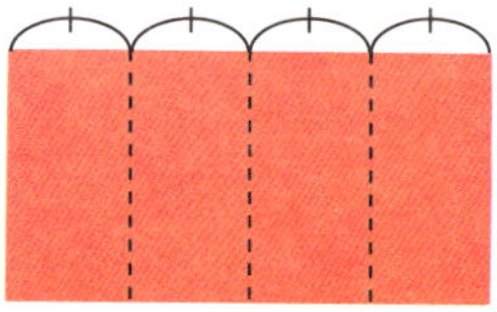

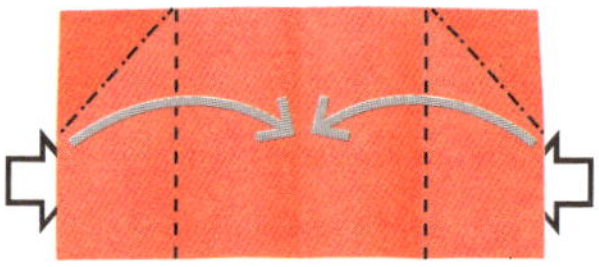

2 おりすじをつける

3 角《かど》をおってもどし

4 ひらいてつぶす

おえかきしようう！

2かいだてのいえ

線《せん》でくぎった上下《じょうげ》にまどをつけて

れんがのいえ

長四角《ながしかく》をならべてれんがをつんで

まどやドアをかいて完成《かんせい》!

ログハウス

茶色《ちゃいろ》の線《せん》で木《き》をかさねて

おかしのいえ

すきなおかしでいえをかざろう!

もの知《し》りクイズ

ログハウスの「ログ」とは、えいごで何《なん》といういみ?

①山《やま》 ②森《もり》 ③丸太《まるた》

答《こた》え ③

town

おみせ

お店

shop

［シャップ］

おってみよう!

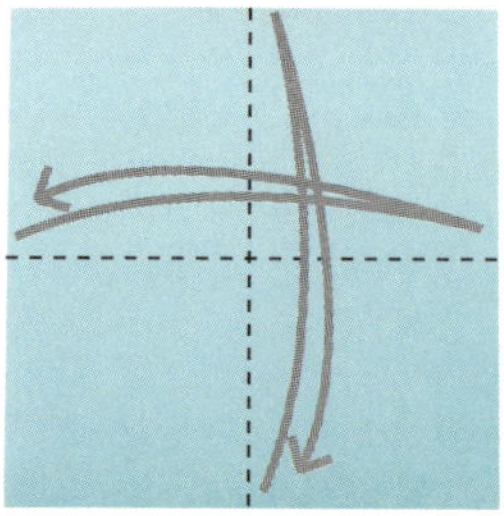

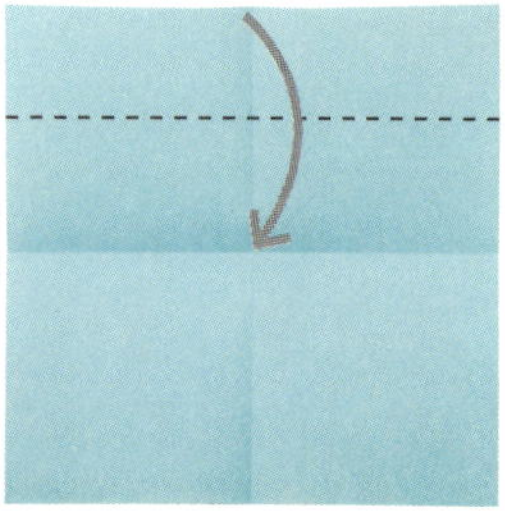

1 おりすじをつけて

2 上《うえ》をおってうらがえす

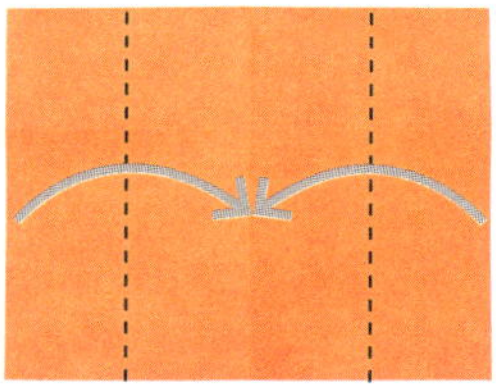

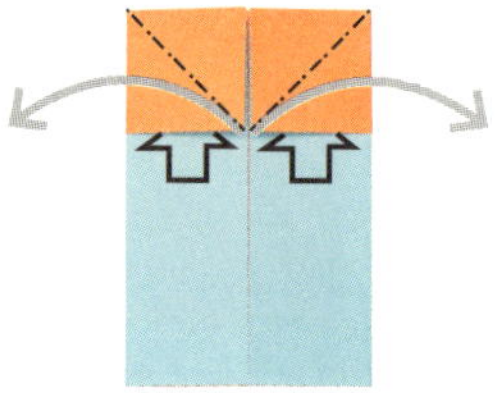

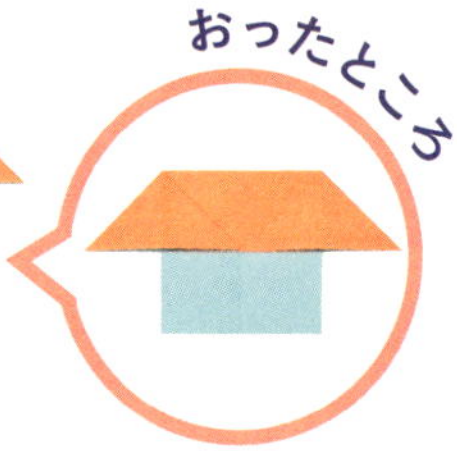

3 左右《さゆう》を合《あ》わせて

4 ひらいてつぶし

5 下《した》をおってうらがえす

おえかきしよう!

パンやさん

いろいろな形《かたち》のパンをならべて

はなやさん

はなをしゅるいごとに分《わ》けて

かんばんと
売《う》りものを
かいて完成《かんせい》！

魚《さかな》やさん

かんばんを魚《さかな》の形《かたち》に

ケーキやさん

台《だい》の上《うえ》にケーキをかざろう！

もの知《し》りクイズ

チョコレートのおかしせんもんのしょくにんを何《なん》という？

①パティシエ　②ショコラティエ　③グラシエ

答《こた》え ②

知《し》ればおえかきが
もっと楽《たの》しくなる！

ききゅうのひみつ

空《そら》にふわりとういてただようききゅう。
どうして空《そら》にうかぶのかな？

ふうせん

かるくてじょうぶなぬのでできている。バーナーに近《ちか》いぶぶんは、もえにくいそざいをつかっているんだ。

バーナー

強《つよ》い火力《かりょく》でふうせんのなかの空気《くうき》をあたためて、まわりの空気《くうき》よりかるくすることで、うく力《ちから》をつくるよ。

バスケット

かるくてじょうぶな「とう」というしょくぶつをあんでつくられる。あみ目《め》がちゃくちのときのショックをやわらげるんだ。

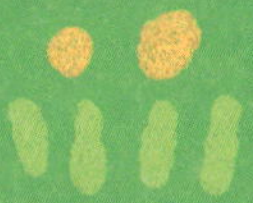

しぜん

nature

はな

花

flower

［ふらウア］

おってみよう！

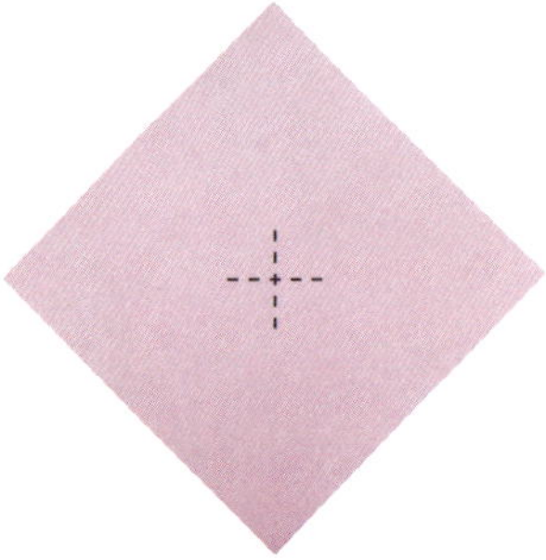

1 まんなかにおりすじをつけて

2 おってもどす

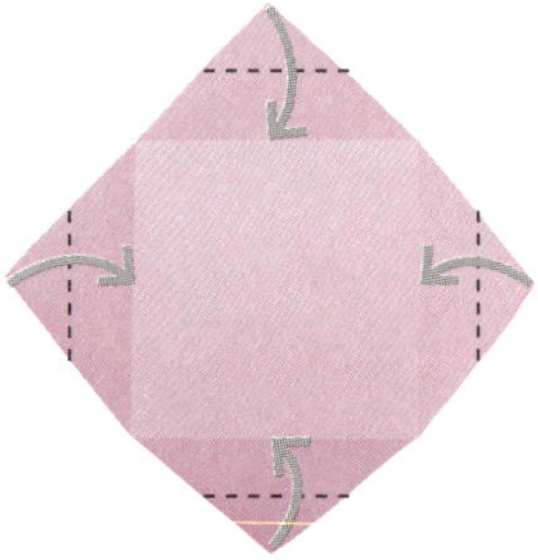

3 おりすじまでおって

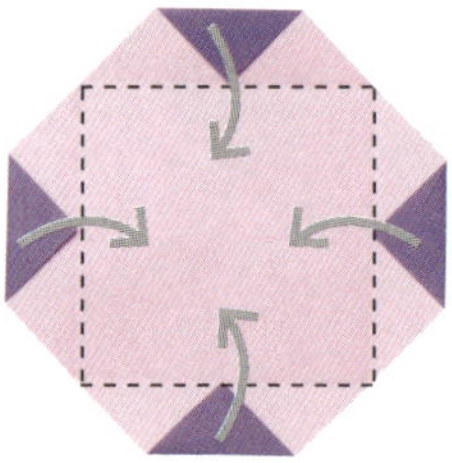

4 まわりをおって

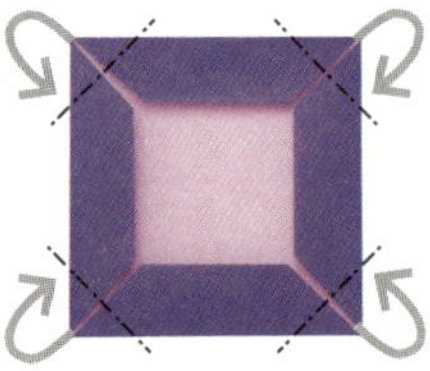

5 角《かど》をおる

おえかきしよう！

ばら

ぐるぐるの線《せん》で
はなびらをかさねて

あさがお

まんなかに星《ほし》を入《い》れて

ひまわり

たねのぶぶんは細《こま》かいあみに

カーネーション

はなびらの外《そと》がわをギザギザに

もの知《し》りクイズ

あさがおのなかまはどれ？

①あさづけ　②ひるがお　③ゆうがお

答《こた》え ②

nature

き 木 tree

［トゥリー］

おってみよう!

1 おりすじをつけて

2 まんなかまでおって

3 下《した》をおってうらがえす

おえかきしよう!

さくらのき

5まいのはなびらを
小《ちい》さくならべて

りんごのき

はっぱとりんごをバランスよく

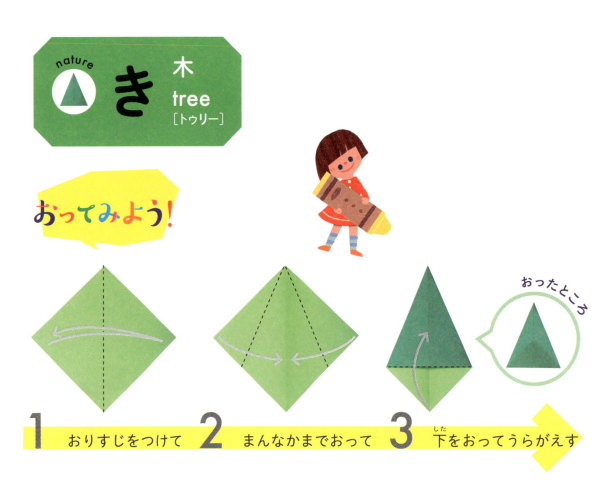

はっぱやみき、
えだをかいて
完成《かんせい》!

いちょうのき

先《さき》の分《わ》かれた黄色《きいろ》いはっぱ

もみのき

みどりの上《うえ》に白《しろ》で雪《ゆき》をのせよう！

もの知《し》りクイズ

木《き》の年《ねん》れいを知《し》るには何《なに》をしらべる？
①はっぱの数《かず》 ②えだの数《かず》 ③年《ねん》りんの数《かず》

答《こた》え ③

nature

きのこ

茸

mushroom

［マッシルーム］

おってみよう!

1 おりすじをつけて

2 まんなかまでおる

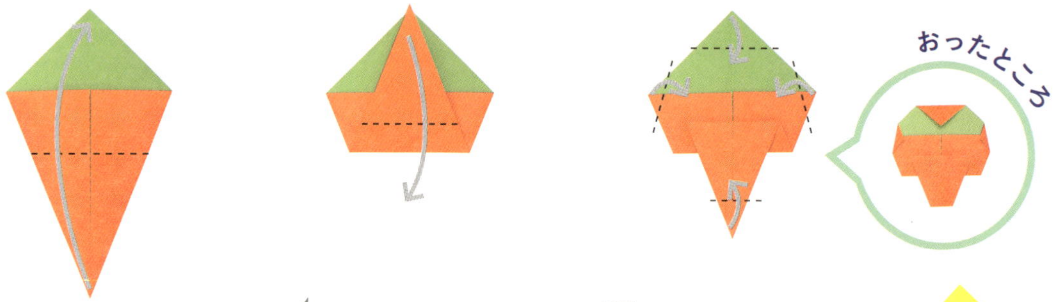

3 半分《はんぶん》におって

4 下《した》にもどして

5 角《かど》をおってうらがえす

おえかきしよう!

どくきのこ

かさに
水玉《みずたま》もようを入《い》れて

しましまきのこ

しまもようをかさぜんたいに

顔《かお》つききのこ

えのぶぶんに顔《かお》を入《い》れて

きのこのおうち

ドアやまど、えんとつをつけて

もの知《し》りクイズ

きのこは何《なん》のなかま?
①木《き》 ②かいそう ③カビ

さらなるひみつは→92ページ

答《こた》え ③

知《し》ればおえかきがもっと楽《たの》しくなる！

きのこのひみつ

カビのなかまのきのこ。
そのとくちょうを見《み》てみよう！

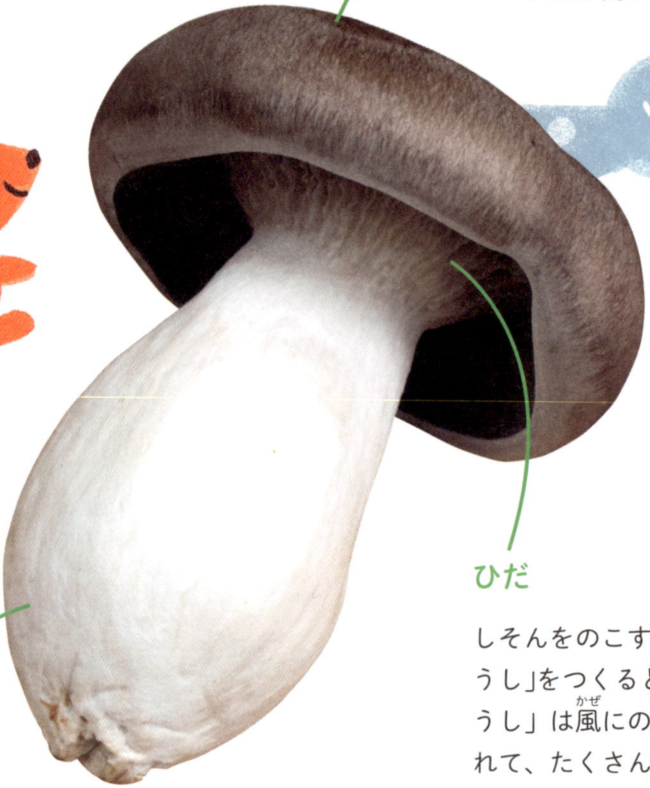

かさ

せいちょうにつれてひらいたりたいらになったりして、ひだを雨《あめ》からまもるんだ。

ひだ

しそんをのこすための「ほうし」をつくるところ。「ほうし」は風《かぜ》にのってはこばれて、たくさんあつまるときのこになるんだ。

え

かさを高《たか》くもち上《あ》げてささえているよ。ものによって、まがったり太《ふと》さがかわったりするんだ。

おてがみ

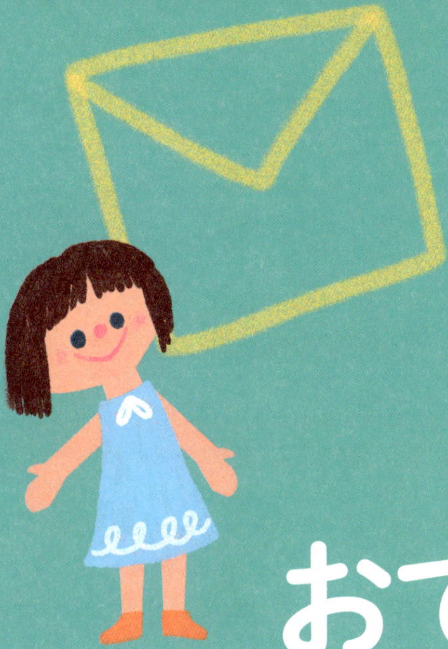

カード

ハート

えんぴつ

letter

えんぴつ

鉛筆

pencil

［ペンスる］

おってみよう！

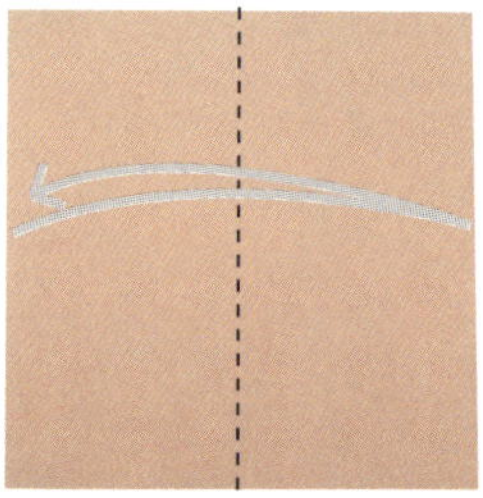

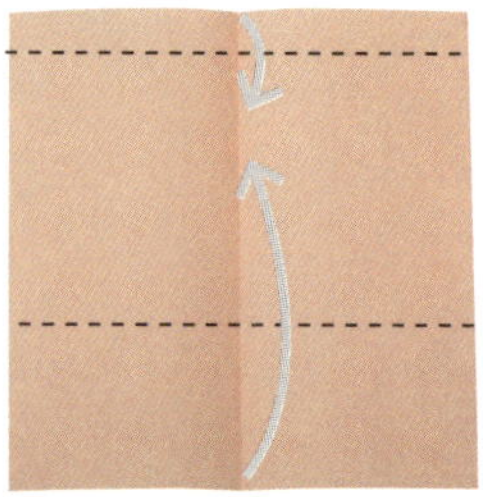

1 おりすじをつけて

2 上《うえ》と下《した》をおってうらがえす

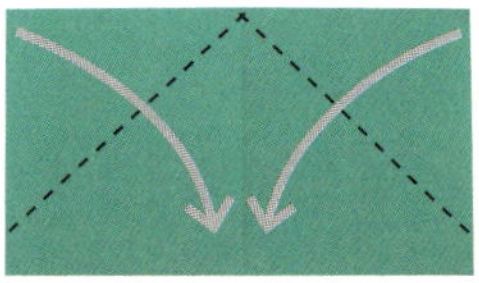

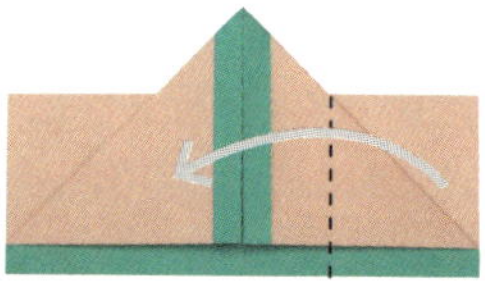

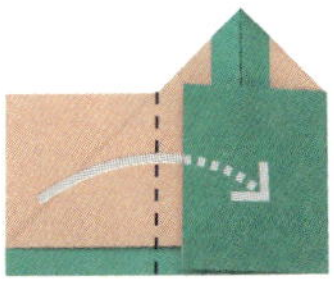

3 角《かど》を合《あ》わせ

4 右《みぎ》をおって

5 左《ひだり》をさしこんでうらがえす

おえかきしよう！

名前入《なまえい》りえんぴつ

たて書《が》きでかこう！

にじ色《いろ》えんぴつ

しんのぶぶんもにじ色《いろ》に

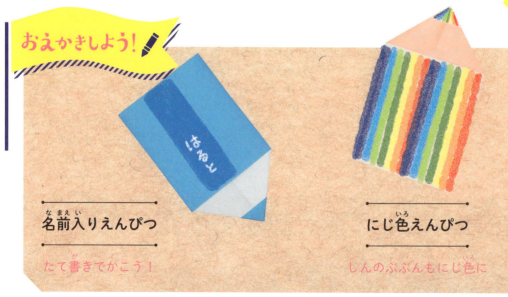

色《いろ》えんぴつ

色《いろ》の名前《なまえ》をかいて

顔《かお》つきえんぴつ

じくのところに顔《かお》をかこう！

もの知《し》りクイズ

えんぴつのしんは黒《こく》えんに何《なに》をまぜている？

①ねんど　②ろう　③のり

さらなるひみつは→102ページ

答《こた》え　①

letter

ハート heart

［ハート］

おってみよう!

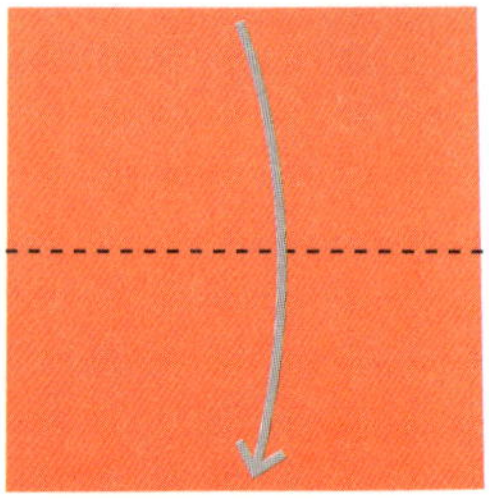

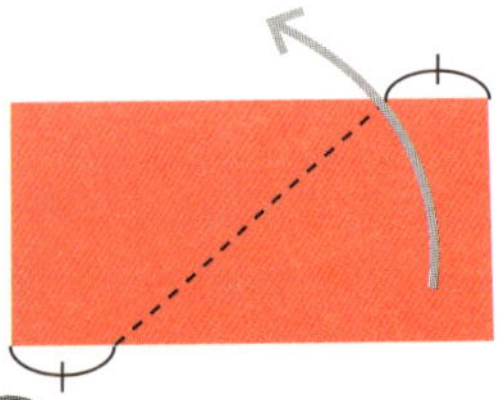

1 半分《はんぶん》におって

2 ななめにおってむきをかえる

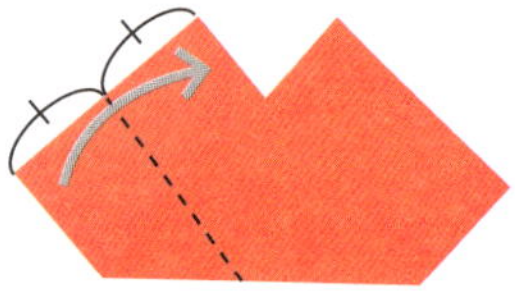

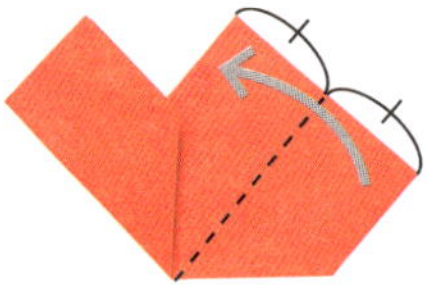

3 左《ひだり》を半分《はんぶん》におって

4 右《みぎ》もたたみ

5 角《かど》をおってうらがえす

おえかきしよう!

はなたばのハート

たくさんのはなをつつんで

プレゼントのハート

たてとよこにリボンをかけて

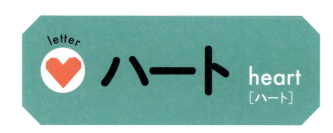

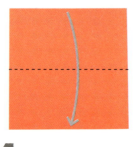

もようをかいて
完成《かんせい》！

チョコレートのハート

半分《はんぶん》にチョコレートを
かけて

顔《かお》つきのハート

わたすあいてのにがお絵《え》に
してもいいね！

もの知《し》りクイズ

ハートのマークは何《なに》をあらわした形《かたち》だといわれている？

①手《て》　②心《しん》ぞう　③口《くち》

答《こた》え　②

letter

カード

card
[カード]

おってみよう!

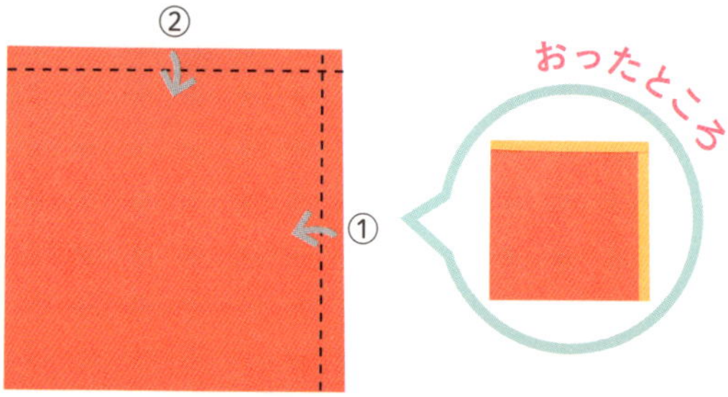

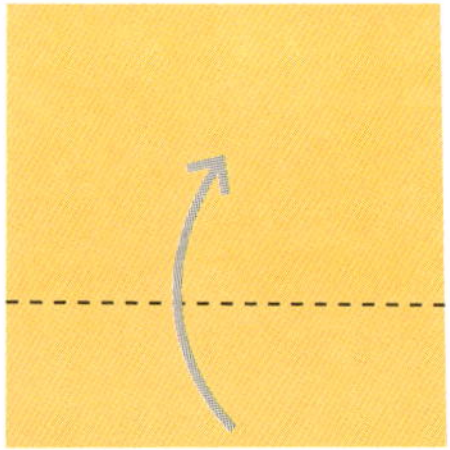

1 じゅんばんにおってうらがえす

2 下《した》をおって

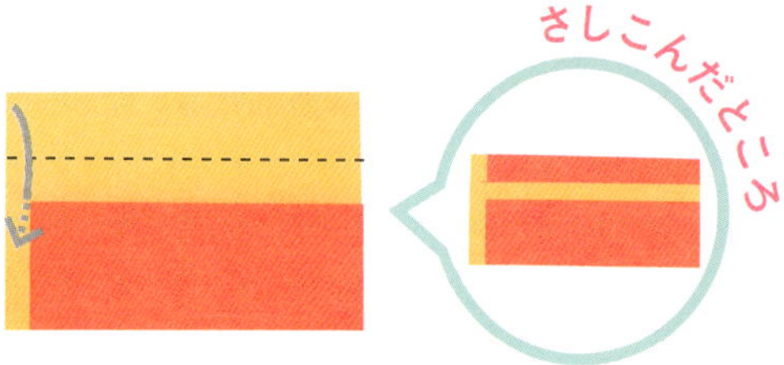

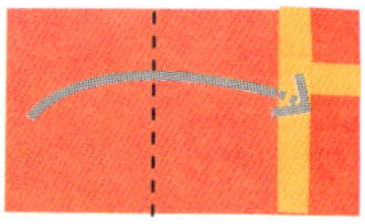

3 上《うえ》をさしこんでうらがえす

4 右《みぎ》をおって

5 左《ひだり》をさしこむ

おえかきしよう!

たんじょうびのカード

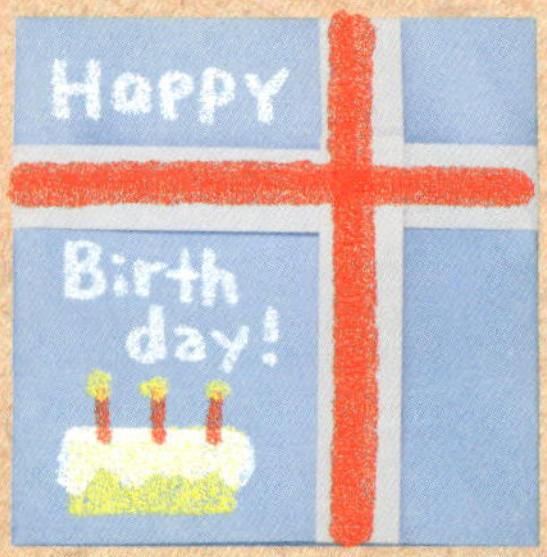

ろうそくつきの
ケーキをそえて

メッセージカード

なかにひみつのメッセージをかいて

リボンと
メッセージを
かいて完成《かんせい》!

バレンタインのカード

ピンクや赤《あか》のハートをちりばめて

クリスマスのカード

サンタクロースの顔《かお》を入《い》れて

もの知《し》りクイズ

おいわいにおくるカードは何《なに》カード?

①グリーティング　②キャッシュ　③クレジット

答《こた》え　①

letter ふうとう 封筒 envelope ［エンヴェろウプ］

おってみよう！

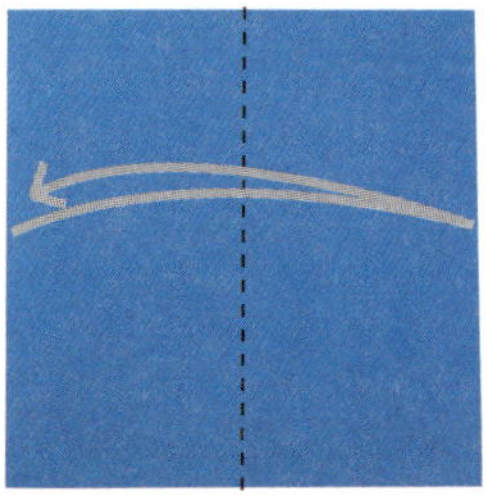

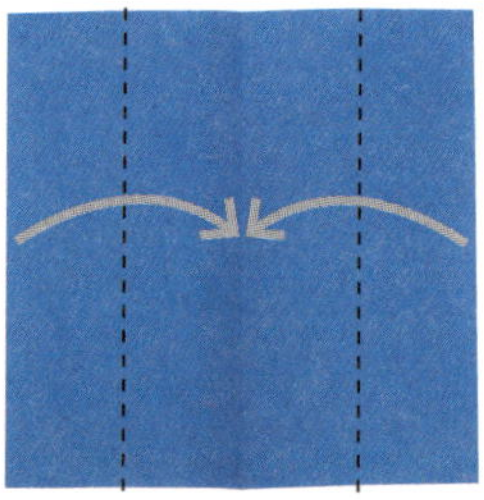

1 おりすじをつけて **2** まんなかまでおる

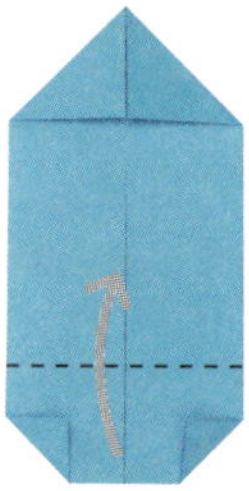

3 角《かど》をおって **4** 下《した》をおって **5** 上《うえ》をさしこむ

おえかきしようう！

ラブレター

ハートで
ふうをして

おんぷがらのふうとう

カラフルなおんぷをちりばめて

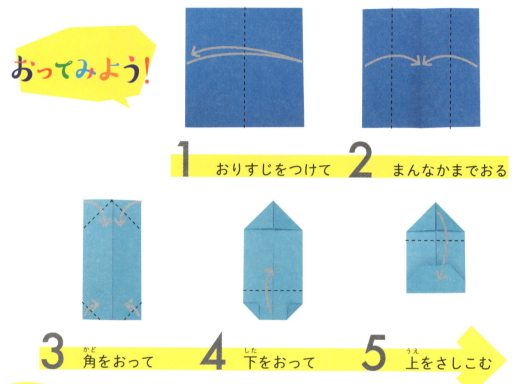

もようをかいて完成《かんせい》！

さくらんぼがらのふうとう

赤《あか》い丸《まる》２つを線《せん》でつないで

エアメール

白地《しろじ》のふちを赤《あか》と青《あお》でかこんで

もの知《し》りクイズ

エアメールとは、何《なに》ではこぶてがみのこと？

①ふね　②ひこうき　③ロケット

答《こた》え　②

知《し》ればおえかきが
もっと楽《たの》しくなる！

えんぴつのひみつ

文字《もじ》や絵《え》をかくときにつかうえんぴつ。
どうして六角形《ろっかくけい》が多《おお》いか知《し》っているかな？

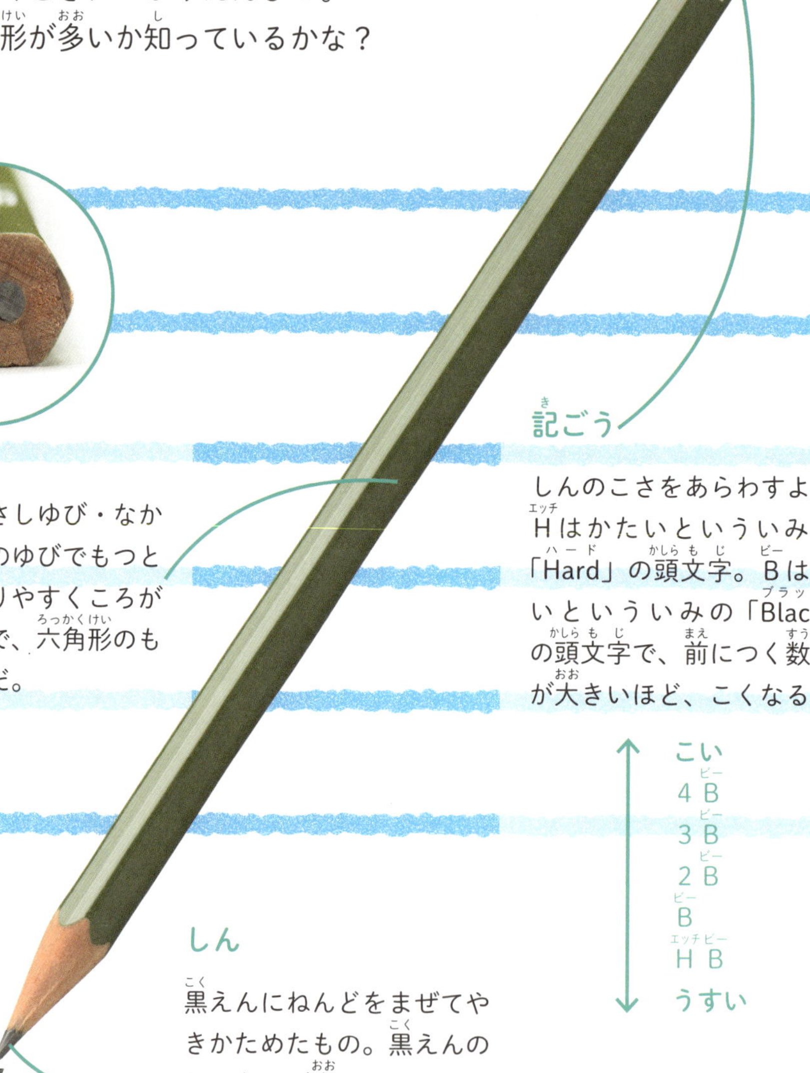

じく

親《おや》ゆび・人《ひと》さしゆび・なかゆびの３本《ぼん》のゆびでもつときに、にぎりやすくころがりにくいので、六角形《ろっかくけい》のものが多《おお》いんだ。

記《き》ごう

しんのこさをあらわすよ。H《エッチ》はかたいといういみの「Hard《ハード》」の頭文字《かしらもじ》。B《ビー》は黒《くろ》いといういみの「Black《ブラック》」の頭文字《かしらもじ》で、前《まえ》につく数字《すうじ》が大《おお》きいほど、こくなるよ。

こい
４B《ビー》
３B《ビー》
２B《ビー》
B《ビー》
HB《エッチビー》
うすい

しん

黒《こく》えんにねんどをまぜてやきかためたもの。黒《こく》えんのわりあいが多《おお》いほどやわらかく、ねんどのわりあいが多《おお》いほど、かたいんだ。

かぼちゃ

ぎょうじ

おに

こいのぼり

event

だるま

達磨
Dharma doll
［ダーマ ダる］

おってみよう!

1 半分《はんぶん》におって

2 左右《さゆう》をかさねて

3 下《した》をおってうらがえす

おえかきしよう!

合《ごう》かくだるま

はちまきをまいて

ふくだるま

おなかに「福《ふく》」の文字《もじ》を入《い》れて

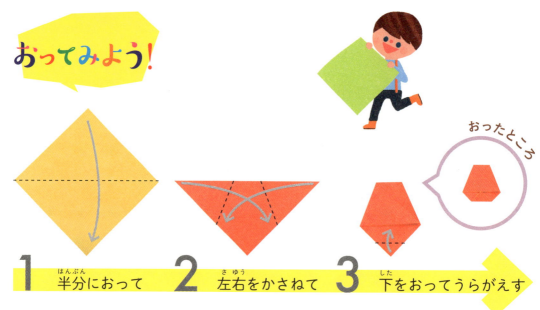

顔《かお》をかいて
完成《かんせい》!

ひっしょうだるま

せんすやメガホンをもたせて

まねきねこだるま

白《しろ》のおりがみで

もの知《し》りクイズ

お正月《しょうがつ》などにだるまの目《め》をかくのは何《なん》のため?

①うらない　②ねがいごと　③あそび

答え　②

event

おに

鬼

ogre

［オウガ］

おってみよう!

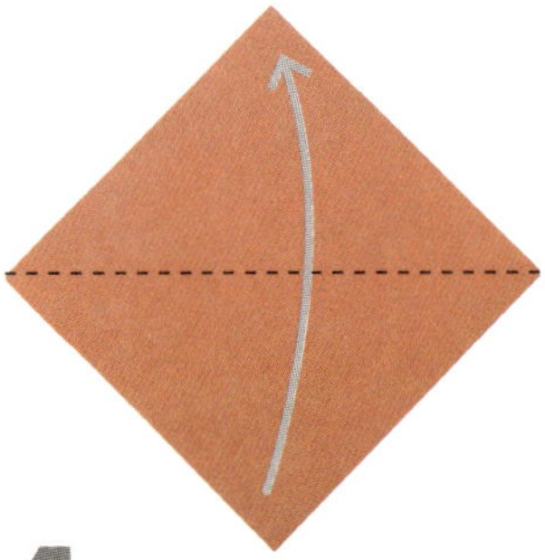

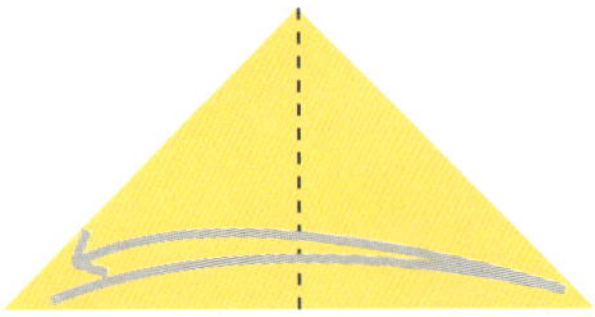

1 半分《はんぶん》におって

2 おりすじをつける

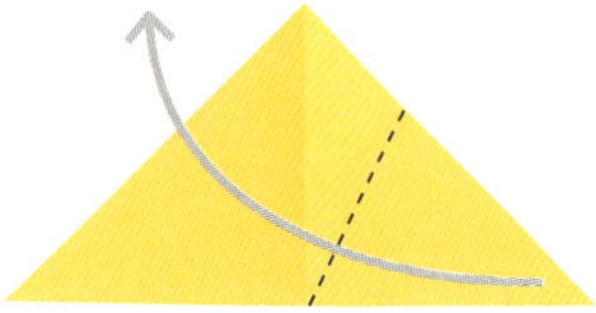

3 右《みぎ》をおって

4 左《ひだり》をおってうらがえし

5 1まいめくる

おえかきしよう!

赤《あか》おに

赤《あか》いおりがみで

青《あお》おに

青《あお》いおりがみで

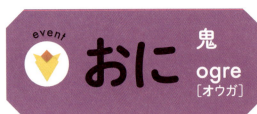

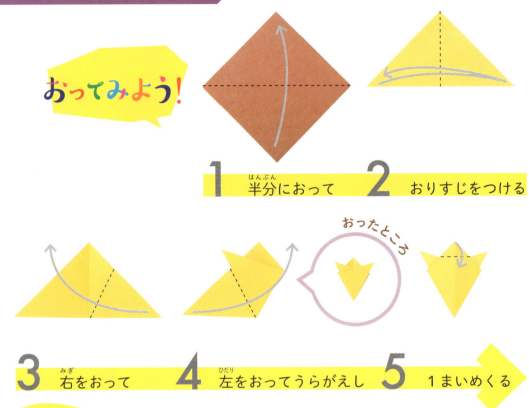

顔《かお》をかいて
完成《かんせい》!

かみなりさま

みどりのおりがみで

なまはげ

角《つの》の下《した》にかみの毛《け》を生《は》やして

もの知《し》りクイズ

二月三日《にがつみっか》のせつぶんは、むかしのこよみではどのきせつがはじまる前《まえ》の日《ひ》だった?

①春《はる》 ②秋《あき》 ③冬《ふゆ》

答《こた》え ①

event

ひなにんぎょう

雛人形

doll

[ダる]

おってみよう!

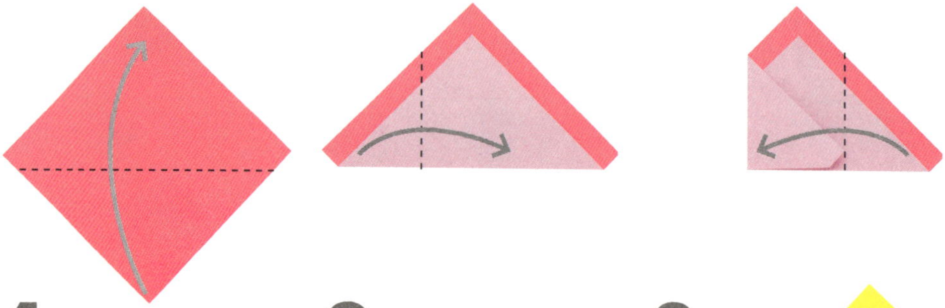

1 ずらしておって

2 左《ひだり》をおって

3 右《みぎ》をかさねる

おえかきしよう!

三人《さんにん》かんじょ

おそろいのきものにどうぐをもたせて

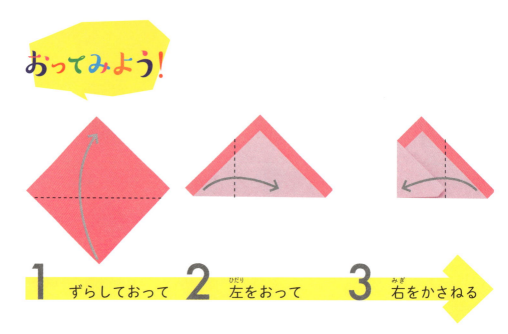

はながらのきもののだいりびな

きくやさくらを小《ちい》さくちらして

もの知《し》りクイズ

三月三日《さんがつみっか》のひなまつりは、何《なん》のせっくとよばれる?

①うめ　②もも　③さくら

さらなるひみつは→114ページ

答《こた》え　②

event

こいのぼり

鯉のぼり

carp streamer

［カープ ストゥリーマ］

おってみよう！

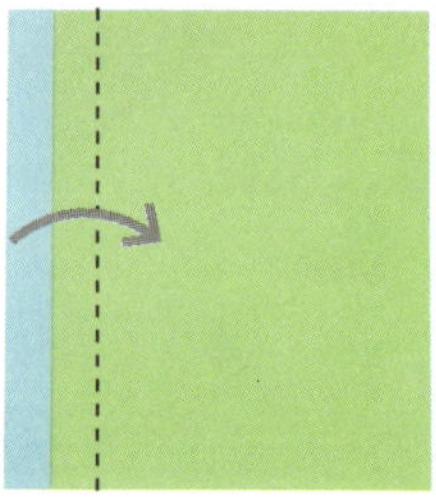

1 左《ひだり》から1回《かい》

2 2回《かい》おってうらがえす

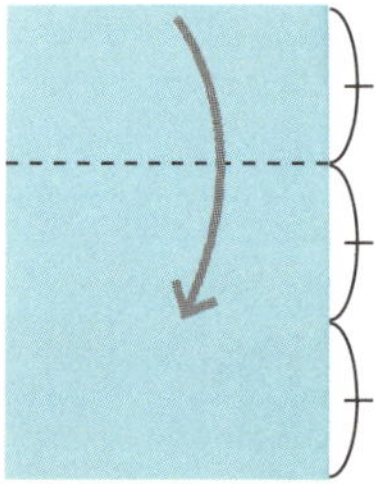

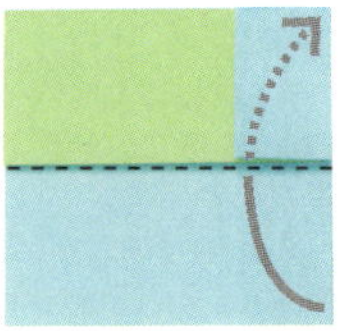

3 上《うえ》をおって

4 下《した》をさしこんでうらがえす

おえかきしよう！

まごい

黒《くろ》のおりがみで

ひごい

赤《あか》のおりがみで

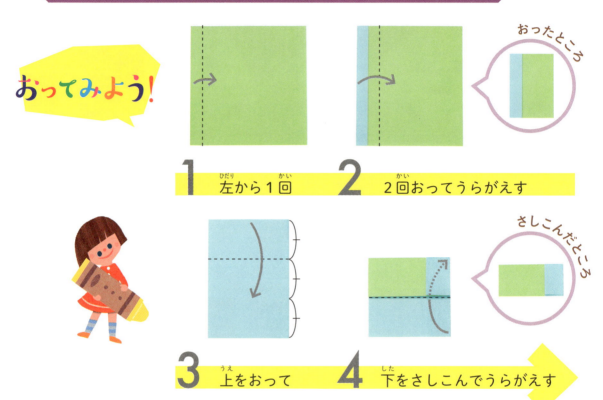

顔《かお》とうろこ、ひれやしっぽをかいて完成《かんせい》!

子《こ》ごい

青《あお》のおりがみで

ふきながし

5色《しょく》でぬり分《わ》けて

もの知《し》りクイズ

五月五日《ごがついつか》のこどもの日《ひ》に、けんこうや長《なが》生《い》きをねがっておふろに入《い》れるものは? ①しょうぶ ②ゆず ③よもぎ

答《こた》え ①

event

かぼちゃ

南瓜

pumpkin

［パンプキン］

おってみよう!

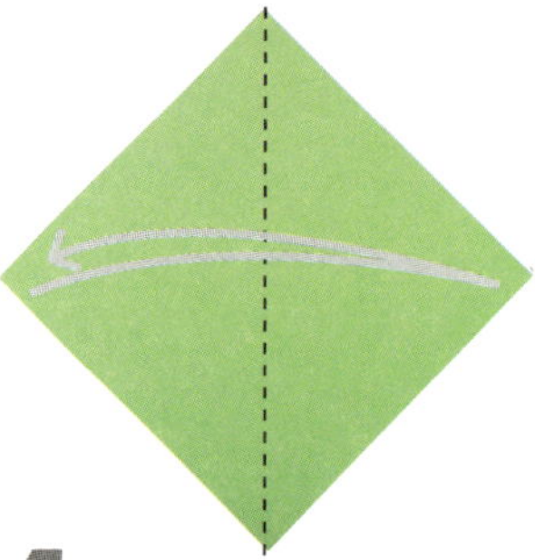

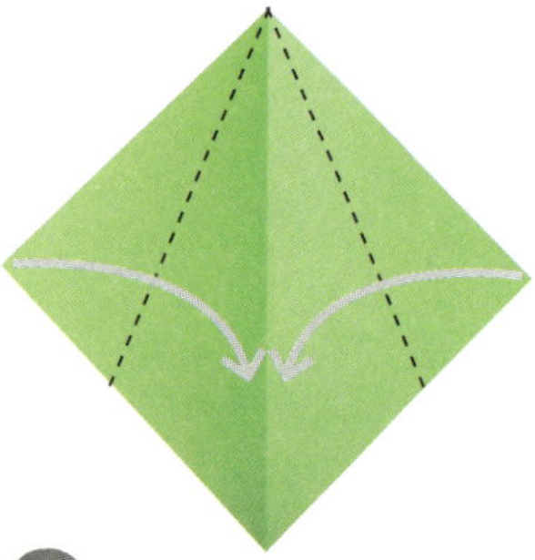

1 おりすじをつけて

2 まんなかまでおる

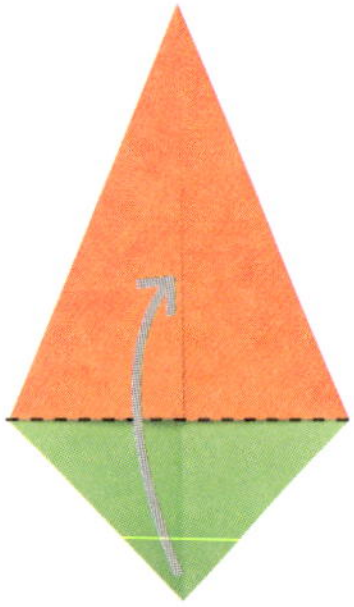

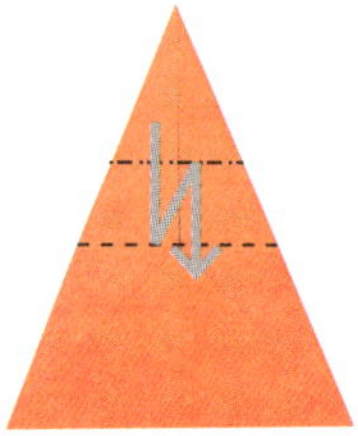

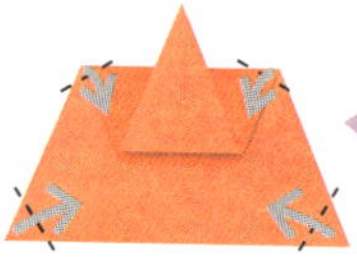

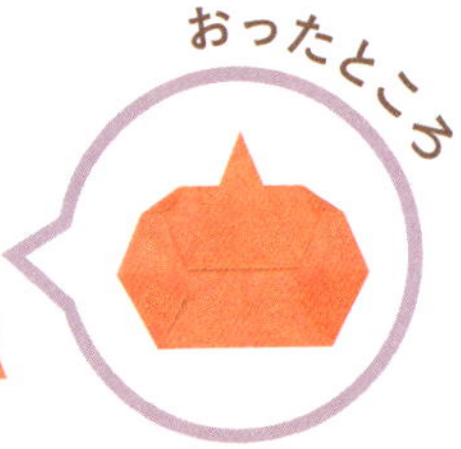

3 下《した》をおって

4 上《うえ》をだんおりして

5 角《かど》をおってうらがえす

おえかきしよう!

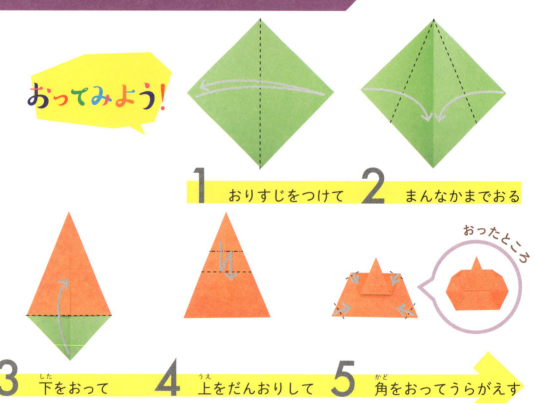

がいこつかぼちゃ

口《くち》をぱっくりとひらいて

かいぞくかぼちゃ

いっぽうの目《め》にがんたいをかけて

顔《かお》をかいて
完成《かんせい》!

まじょかぼちゃ

とんがりぼうしをかぶせて

ミイラかぼちゃ

ほうたいでぐるぐるまきに

もの知《し》りクイズ

ハロウィンにかざるかぼちゃのランタンのことを何《なん》という?

①ゾンビ　②ジャックオランタン　③ドラキュラ

答《こた》え　②

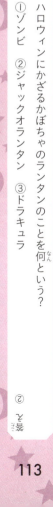

知《し》ればおえかきが
もっと楽《たの》しくなる！

ひなにんぎょうのひみつ

ひなまつりにかざるひなにんぎょう。
かざるものには、それぞれいみや願《ねが》いがこめられているんだ。

だいりびな

それぞれ「男《お》びな」「女《め》びな」といって、天《てん》のうとこうごうをあらわしているよ。

ひしもち

ひし形《がた》のもち。ピンク・みどり・白《しろ》は、それぞれもものはな・大地《だいち》・雪《ゆき》をあらわすよ。

三人《さんにん》かんじょ

おとのさまとおひめさまの身《み》の回《まわ》りのせわをするじょせいたちだよ。

たちばな・さくら

まよけの力《ちから》があるとされているんだ。

パクパク

あそべるおもちゃ

ひゃくめんそう

おすもうさん

play

ひゃくめんそう

百面相

comic faces

［カミック ふェイスイズ］

おってみよう！

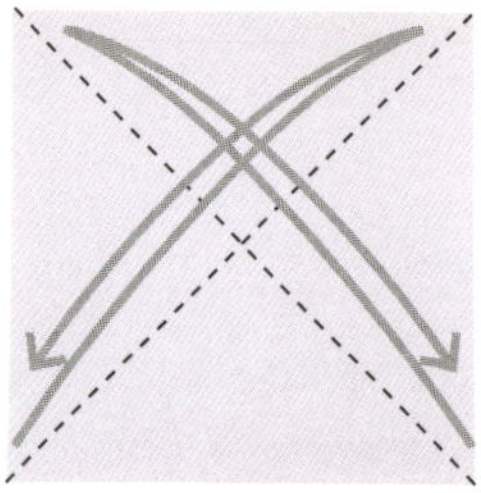

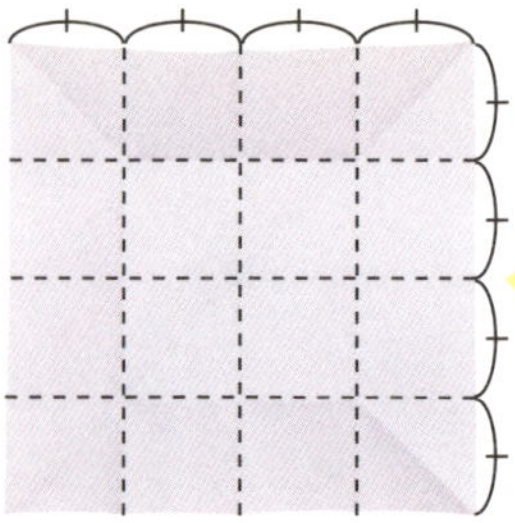

1 おりすじを三角《さんかく》と 2 四角《しかく》につけてうらがえす

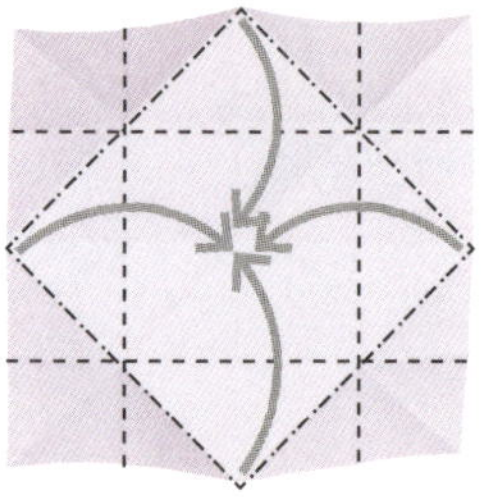

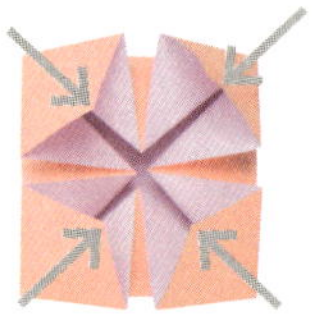

3 角《かど》をおってもどしてうらがえし 4 おりたたんで 5 つぶす

おえかきしようう！

いぬ

顔《かお》に合《あ》わせて
口《くち》の形《かたち》もかえよう！

女《おんな》の子《こ》

どんな気分《きぶん》のときの
顔《かお》かな？

顔《かお》を3つかいて
完成《かんせい》！

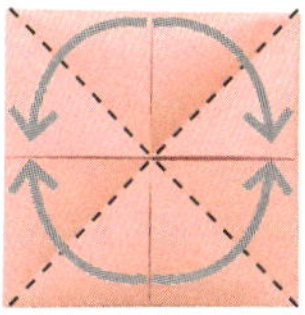

おる

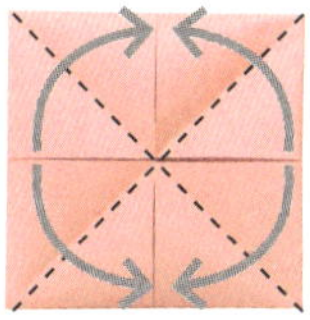

おる

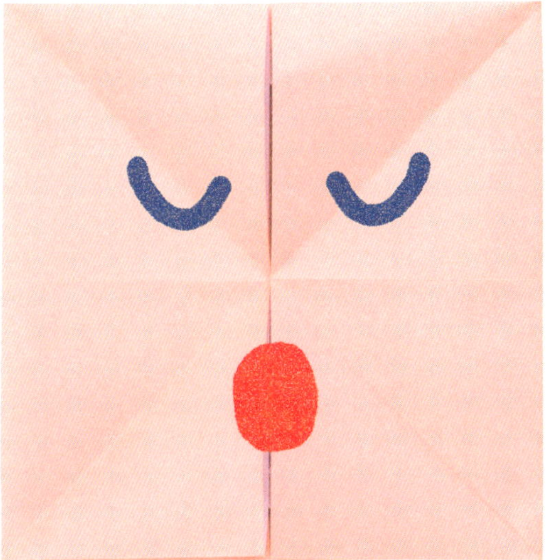

たたみかたをかえて
いろいろな顔《かお》にしてあそぼう！

もの知《し》りクイズ

はずかしくて顔《かお》がまっ赤《か》になることを顔《かお》から何《なに》が出《で》るという？

①あせ　②りんご　③火《ひ》

答《こた》え　③

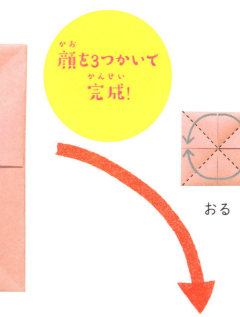

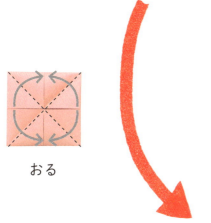

play

パクパク

cootie catcher
［クーティ キぁチャ］

おってみよう!

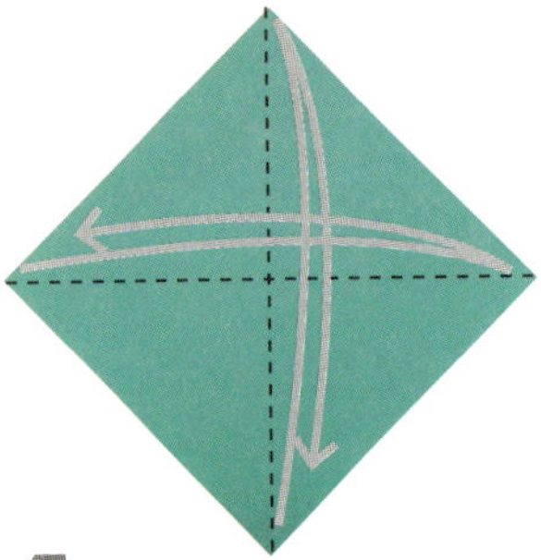

おったところ

1 おりすじをつけて

2 角《かど》をおってうらがえす

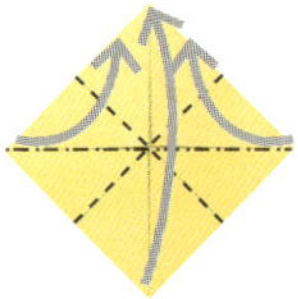

ひらいたところ

3 角《かど》を合《あ》わせて

4 四角《しかく》おりして

5 1まいずつひらく

おえかきしよう!

外《そと》がわ

内《うち》がわ

どうぶつ

外《そと》がわに顔《かお》、内《うち》がわに口《くち》を入《い》れて

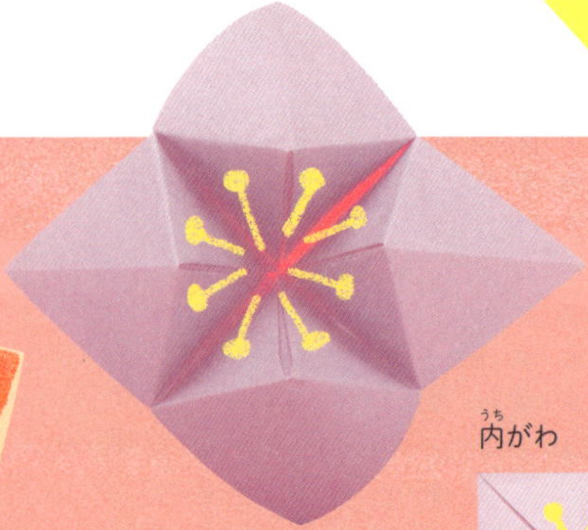

内《うち》がわ

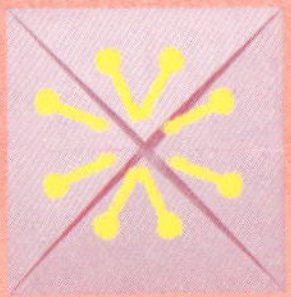

はな

内《うち》がわにおしべを入《い》れて

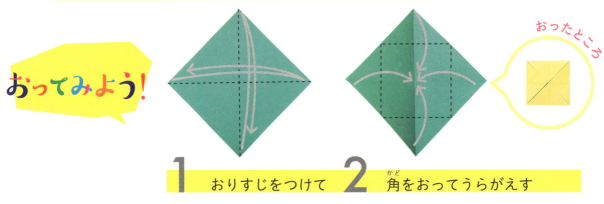

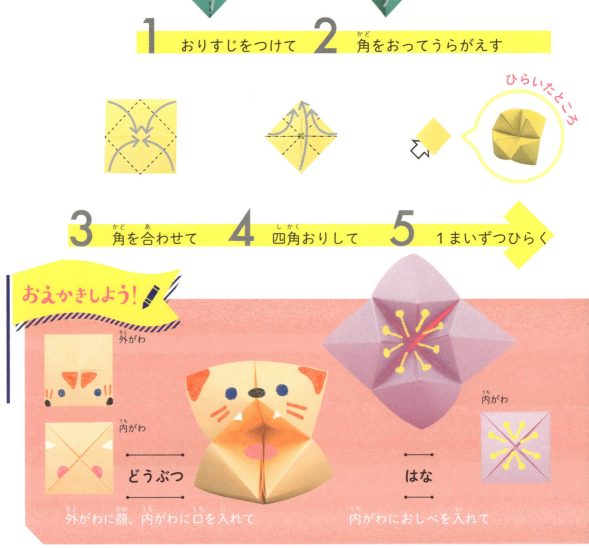

ゆびを入《い》れてパクパク
うごかしてあそぼう！

顔《かお》をかいて
完成《かんせい》！

外《そと》がわ

内《うち》がわ

内《うち》がわ

顔《かお》

ひらくむきで顔《かお》がかわるよ！

ひらくと

うらない

数字《すうじ》のうらにけっかをかこう！

もの知《し》りクイズ

いちど飲《の》みこんだ食《た》べものを口《くち》にもどしてかみ直《なお》している
どうぶつはどれ？　①キリン　②ゾウ　③ネコ

答《こた》え ①

play

おすもうさん

お相撲さん
sumo wrestler
［すーモウ レスら］

おってみよう！

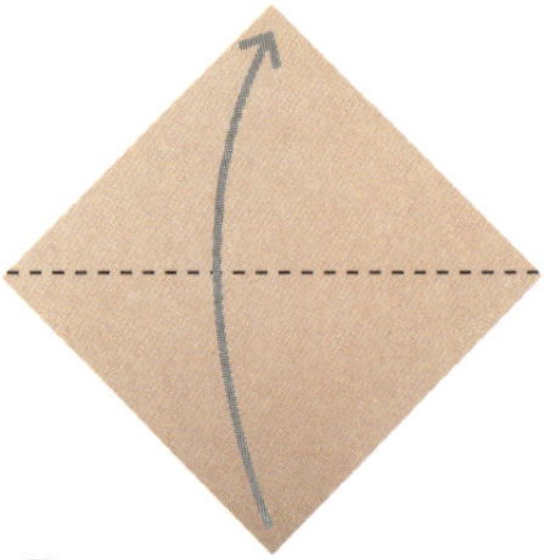

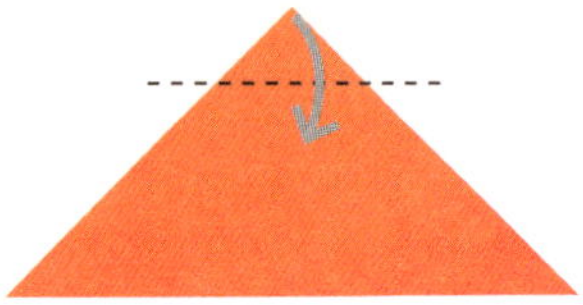

1 半分《はんぶん》におって
2 1まいめくる

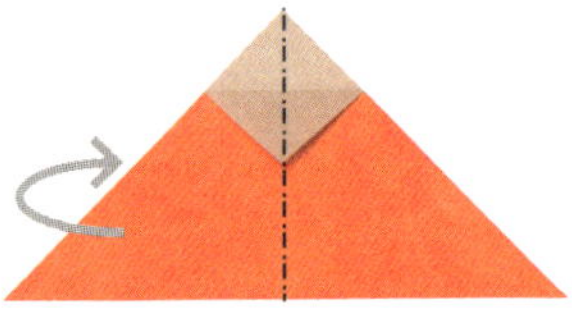

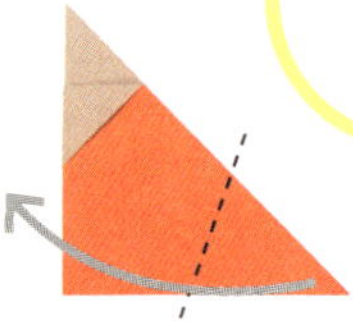

うらも同《おな》じ

3 半分《はんぶん》におって
4 ななめにおって
5 なかわりおりする

おえかきしよう！

よこづな
まわしの上《うえ》にしめなわをつけて

おおぜき
まわしからなわをたらして

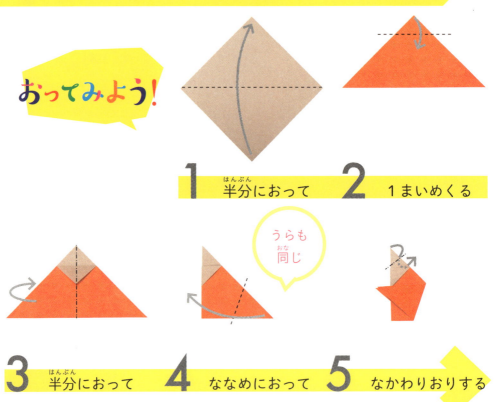

顔《かお》やまわしをかいて完成《かんせい》！

2つつくって、はこの上《うえ》でたいせんさせてあそぼう！

きんたろう

赤《あか》い前《まえ》かけをつけて

プロレスラー

マスクをかけばふくめんレスラーに

もの知《し》りクイズ

おおずもうでよこづなのつぎに強《つよ》いりきしは？

①こむすび　②おおぜき　③せきわけ

答《こた》え　②

もっと

おえかきしよう!

がら・もよう

無地《むじ》のおりがみにがらやもようをつけると、おしゃれに。
シャツやくつしたにかいて、アレンジを楽《たの》しもう。

チェック

線《せん》の太《ふと》さや色《いろ》を
かえてみてもいいね！

たて線《せん》を
きんとうにならべて

まじわるように
よこ線《せん》を引《ひ》く

アーガイル

ダイヤ形《がた》をならべた
チェックのなかまだよ

同《おな》じ大《おお》きさの
ダイヤをならべて

ダイヤにまじわるように
点線《てんせん》を入《い》れる

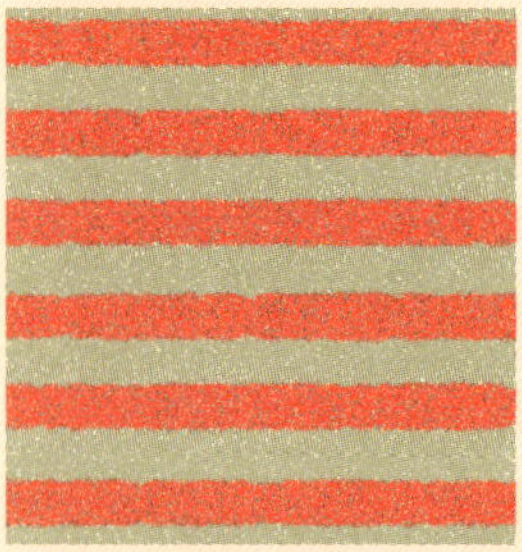

ボーダー

よこ線《せん》を
きんとうにならべて

ストライプ

たて線《せん》を
きんとうにならべて

いちまつ

1つおきに同《おな》じ色《いろ》で
四角《しかく》くぬって

なみなみ

同《おな》じカーブの
なみなみ線《せん》をならべて

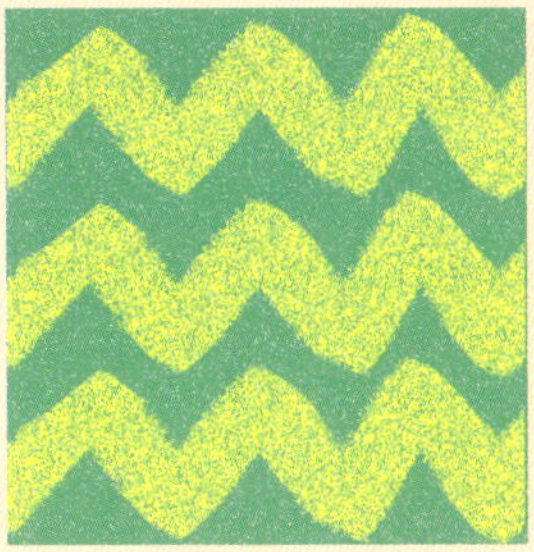

ギザギザ

同《おな》じかくどの
ギザギザ線《せん》をならべて

フリル

白《しろ》いもこもこ線《せん》を
ならべて

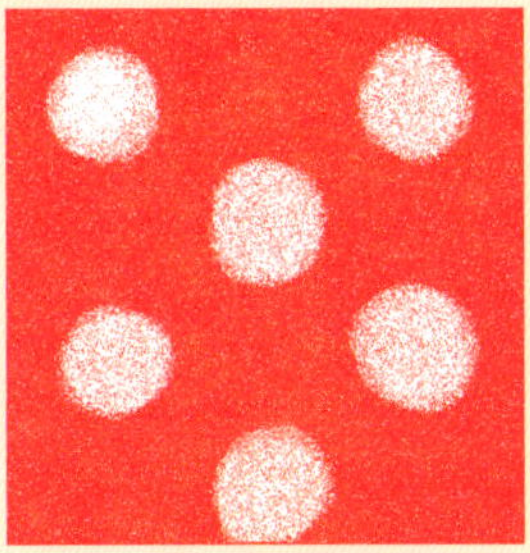

水玉《みずたま》

同《おな》じ大《おお》きさの丸《まる》を
きんとうにちらして

しずく

青《あお》けいの色《いろ》で
雨《あま》つぶをならべて

うずまき

いろいろなむきの
ぐるぐるをならべて

めいさい

うすい色《いろ》の上《うえ》に
こい色《いろ》をかさねて

ゼブラ

白地《しろじ》に黒《くろ》でななめに
よこ線《せん》を入《い》れて

パッチワーク

四角《しかく》いくぎりごとに
色《いろ》やがらをかえて

もっと
おえかきしよう!

かざり・モチーフ

小《ちい》さくてもポイントになるかざりやモチーフ。
カードやふうとうにかいて、もっとかわいくしちゃおう。

はな

しゅるいによって
はなびらの数《かず》や形《かたち》をかえて

同《おな》じ色《いろ》の丸《まる》を
4つかさねて

まんなかに
丸《まる》をかさねる

下《した》にくきとはっぱを
つけてもいいね!

ちょう

しゅるいによって羽《はね》の
色《いろ》やもようをかえて

大《おお》きめの
リボンをかいて

しょっかくと
どうたいをつける

羽《はね》を4まいにすると
よりリアルに

キラキラ

細《ほそ》いダイヤか
＊《こめ》じるしでキラキラに

おんぷ

おんぷの先《さき》を顔《かお》つきや
星形《ほしがた》にアレンジしても

ハート

小《ちい》さいハートや
もようを上《うえ》にかさねて

リボン

ちょうちょ形《がた》か
下《した》からもリボンをたらして

ボタン

丸《まる》や四角《しかく》のまんなかに
小《ちい》さなあなをあけて

キャンディ

リボン形《がた》や
うずまき形《がた》をカラフルに

はた

三角《さんかく》や四角《しかく》のはたを
ひもやぼうにつなげて

雲《くも》

もこもこ線《せん》をつなげて
顔《かお》やにじをつけて

たいよう

丸《まる》のまわりを三角《さんかく》や点《てん》、
線《せん》でふちどって

きのこ

かさに
すきなもようを入《い》れて

星《ほし》

ななめ上《うえ》に線《せん》を
のばしてながれ星《ぼし》に

クローバー

四《よ》つばで
こうふくのしるしに

もっと

おえかきしよう!

ひょうじょう・きもち

さまざまな形《かたち》の目《め》や口《くち》を、組《く》み合《あ》わせてかいてみよう。
生《いき》きものや人《ひと》の顔《かお》をかくときにまねしてみてね。

にっこり

にこやかなようすを
目《め》と口《くち》であらわして

丸《まる》くぬりつぶした
目《め》をかいて

少《すこ》しひらいた
U《ユー》字《じ》の口《くち》をつける

うれしい

うきうきとしたようすを
目《め》と口《くち》であらわして

上《うわ》むきの三日月《みかづき》の
目《め》をかいて

大《おお》きくひらいた半月《はんげつ》の
口《くち》をつける

大《おお》よろこび

ぎゅっととじた目《め》と
よこに大《おお》きくあいた口《くち》

びっくり

白目《しろめ》を入《い》れれば
おどろいた顔《かお》に

ぐったり

×《バツ》じるしの目《め》で
パワーぶそくをあらわして

きょとん

丸《まる》い目《め》で口《くち》のいちは
下《した》のほうに

てへっ

上《うわ》むきの目《め》でしたは
ペロッと出《だ》して

ねむい

目《め》をとじて
口《くち》は半《はん》びらきに

にやり

何《なに》かたくらんでいるような
目《め》とV《ブイ》字《じ》の口《くち》に

かなしい

とじた目《め》から
なみだがポロリ

いかり

つながりまゆ毛《げ》と
口《くち》はH《エイチ》の形《かたち》に

大《だい》すき

目《め》はハート形《がた》で
きもちをこめて

ウインク

いっぽうの目《め》をとじて
おちゃめに

あっかんベー

ぎゅっととじた目《め》に
したを大《おお》きく出《だ》して

監修　小林一夫（こばやし かずお）

1941年東京都生まれ。お茶の水 おりがみ会館 館長。1858年創業の染紙の老舗「ゆしまの小林」4代目社長。内閣府認証NPO法人国際おりがみ協会理事長。折り紙の展示や教室の開催、講演などを行い、和紙文化の普及と継承に力を注いでいる。その活動場所は日本のみならず世界各国に及び、日本文化の紹介、国際交流にも努めている。『動画でかんたん！ 福を呼ぶおりがみ』、『動画でかんたん！ 花と蝶のおりがみ』（ともに朝日新聞出版）など、著書多数。

お茶の水 おりがみ会館
〒113-0034　東京都文京区湯島1-7-14
電話 03-3811-4025（代）　FAX 03-3815-3348
ホームページ http://www.origamikaikan.co.jp

作品原案　渡部浩美（P30, 43, 48, 62, 64, 66, 90, 96, 112）
湯浅信江（P32, 46, 50）
SHOUGO（P38）

イラスト　てづか あけみ
カバー・本文デザイン　三上祥子（Vaa）
撮影　朝日新聞出版写真部　長谷川 唯
写真提供　Photolibrary（P28, 92）　Apple Japan, Inc.（P72）
朝日新聞社（P84）　人形の館 石倉（P114）
制作協力・作品制作　渡部浩美
おりがみ校正　渡部浩美　富樫泰子
編集協力　株式会社 童夢
企画・編集　朝日新聞出版 鈴木晴奈

5回おったら絵をかこう!

おえかきおりがみ

監修　小林一夫
発行者　須田剛
発行所　朝日新聞出版
〒104-8011　東京都中央区築地5-3-2
電話　03-5541-8996（編集）
03-5540-7793（販売）
印刷所　中央精版印刷株式会社

Published in Japan by Asahi Shimbun Publications Inc.
ISBN 978-4-02-333096-2